KB047121

<개벽 열림>, 김정현, 2020

다시 [illegible]

『다시개벽』 2021 제4호 · 가을호

아픈 것들과 이 땅의 시간

권두언 RE: START

아픈 것들과 이 땅의 시간

홍박승진

성스러움과 가장 가까이 맞닿아 있는 느낌은 아픔 아닐까? 부처는 몸에 박힌 독화살을 분석하려고 하지 말고 당장 뽑아 버리라는 것이 자신의 설법이라고 말하며, 예수는 천국이 슬퍼하는 사람의 것이라고 말한다. 동학(천도교)의 성인도 마찬가지로, 괴로움을 말할 때 가장 성스러운 모습을 느끼게 한다. 특히 해월 최시형이 그렇다.

해월은 하늘님의 마음을 괴로움 속에서 바라볼 때가 많았다. 이는 그가 '어린이와 땅이 곧 하늘'이라는 사유를 제시하는 방식에서 뚜렷이 나타난다. 일제 강점기의 천도교 사상가들이 어린이의 기쁨을 하늘님의 기쁨으로 사유한 데 비하여, 해월은 어린이의 아픔이 하늘님의 아픔이라고 말한다. "어린이를 때리는 것은 곧 하늘님을 때리는 것이니, 하늘님이 싫어하고 기운이 상한다(打兒卽打天矣, 天厭氣傷. 「대인접물(待人接物)」, 『해월신사법설(海月神師法說)』 이하 『해월신사법설』 번역은 인용자의 것)." 이른바 '어린이를 때리지 말라[勿打兒] 설법'이라고 하는 해월의 이 사유는 동학(천도교) 어린이 운동의 가장 직접적인 원리가 된다고 할 수 있다. 그런데 그는 어째서 어린이가 기쁘면 하늘님이 기쁘다고 말하는 대신, 어린이를 아프게 하면 하늘님이 싫어한다고 말하였을까? 아픔은 기쁨과 다른 방식으로 새로운 시야를 열어 주는 것일까?

어린이에 관한 해월의 이야기 가운데는 재미난 것이 하나 더 있다. 이번에는 아픔을 겪는 어린이가 아니라 누군가를 아프게 하는 어린이에 관한 이야기이다. 어린이가 땅을 아프게 하였다는 것이다.

> 내가 한가로이 앉아 있을 때, 한 어린이가 나막신을 신고 앞을 내달려 그 소리가 땅을 울리매, 놀라서 일어나 가슴을 어루만지며, "그 아이의 나막신 소리에 내 가슴이 아프다"고 말하였다. 땅을 어머니 살갗처럼 아껴라.
>
> 余閑居時, 一小我着屐而趨前, 其聲鳴地, 驚起撫胸曰, 「其兒屐聲我胸痛矣」. 惜地如母之肌膚.
>
> (최시형, 「성경신(誠敬信)」, 『해월신사법설』)

유학에서는 부모를 봉양하고 조상을 받들라고 하는데, 그 까닭은 부모가 나를 낳았고 조상이 부모를 낳았기 때문이다. 나를 낳고 기르는 것을 섬기고 모셔야 한다면, 천지만물이 나를 낳고 기르는 것이므로 천지만물을 부모와 똑같이 섬기고 모셔야 한다고 최시형은 말한다. 그는 땅의 아픔을 어머니 살갗의 아픔으로 느끼는 자기 가슴의 아픔 속에서 이와 같은 사상을 이끌어 낸다. 위 인용글에서 어린이가 나막신을 신고 내달리는 소리가 땅을 울리게 하고 아프게 하였다고 말한 것은 어린이 마음씨가 어리석거나 나쁘다는 뜻으로 보기 힘들다. 앞서 어린이를 때리는 것은 하늘님을 때리는 것이라고 하였기 때문이다. 어린이의 달음박질에도 땅이 아파할 수 있다면, 그보다 더 무겁고 큰 어른의 달음박질에는 땅이 얼마나 더 아파할 것이겠냐는 함의를 위 대목의 행간에서 섬세하게 읽어 내어야 한다. 어린이는 어른의 손짓에 아파할 수 있으며, 땅은 어린이의 발짓에 아파할 수 있다.

최시형의 사유는 이처럼 아파도 아프다고 제대로 말 못하는 것, 또는 그 아픔의 하소연을 누가 제대로 들어주지 않는 것의 편에서 하늘님을 찾는다. 어른에게 학대를 받더라도 제대로 하소연할 수 없는 어린이가 오늘날에도 너무 많다. 사람이 함부로 망가뜨린 지구의 신음소리도 사람의 신음소리와 같다는 것을 알아차릴 수 있는 가슴이 모자란다. 인류의 역사는 오랫동안 백인-남성-성인-자본가-비장애인-이성애자-인간의 아픔을, 유색인-여성-어린이-노동자-장애인-성 소수자-비인간의 아픔보다 더 중요하게 여겨 왔다. 아픔을 제대로 말하지 못하거나 누가 제대로 들어주지 않는 것은 사람대접을 받지 못하는 것과 같다. 그들은 사람이 아니라 그저 '것'일 뿐이다.

> 코로나 사태는 우리가 '것까지'의 공공성을 해칠 경우 그것이 얼마나 큰 부메랑이 돼 돌아올 수 있는가를 무서우리만큼 강렬히 보여주고 있다. … 그런 점에서 최근 한국의 미디어 콘텐츠에 등장한 괴력을 지닌 소수자 '이인(異人)'들과 그의 물건('것'들)은 반가운 신호다. 생사를 뛰어넘어 과거와 현재를 오가는 외계인, 도깨비, 카운터, 차사, 귀신, 괴물 등은 강력한 인간중심주의의 저들끼리의 '욕망'을 더 넓혀 '것까지'의 욕망으로 우리 사회를 이끌 마중물이 될 수 있다.
>
> (이원진, 「코로나 시대에 되살아난 '사물(物) : 것'의 공공성」, 한국자치학회, 『월간 공공정책』 Vol. 184, 2021. 2, 78~80쪽)

어린이도 사람이 아니라 '것'으로 취급받으며, 땅도 사람이 아니라 '것'으로 취급받는다. 이번 호의 표지에 "아픈 것들과 이 땅"이라는 표현을 쓴 까닭이 바로 여기에 있다. 동학에서 꿈꾸는 다시개벽은 모든 '것'이 '님'으로 자리해야 한다는 요청과 같다. 해월이 어린이와 땅의 아픔을 사람과 하늘의 아픔으로 알아차려야 한다고 말한 까닭이 바로 여기에 있을 것이다.

'아픈 것을 알아차리기'는 최시형이 도를 깨우친 시점에서부터 강렬하게 나타난다. 그는 35세 때인 신유년(1861)에 동학을 하고자 마음먹었는데, 아무리 도를 닦고 독실히 공부해도 하늘님 말씀을 들을 수 없었다. 이에 더 정성을 들여야겠다고 생각한 그는 검곡이라는 골짜기(경상북도 포항시 신광면에 위치)에서 몹시 추운 겨울(11~12월로 추정)임에도 밤마다 얼음을 깨고 목욕재계하기를 두

달 넘게 계속하였다. 그렇게 얼음물 속에서 목욕을 하던 어느 날, 문득 하늘로부터 "따뜻한 몸에 해로운 바는 찬물에 급하게 들어가 앉는 것이다(陽身所害 乃寒泉之急座)"라는 말소리가 들려왔다. 그 말소리를 괴이하고 놀랍게 여긴 그는 그 뒤부터 얼음물 목욕을 멈추었다. 이듬해 3월 어느 날 그는 스승인 최제우를 만나서 그 일을 아뢰었다. 그러자 최제우는 해월이 하늘에서 들은 그 말소리는 바로 그 시간에 자신이 은적암(전라남도 남원시 교룡산에 위치)에서 읊은 글의 한 구절이라고 기뻐하며 말하였다(이돈화, 『천도교창건사』, 천도교중앙종리원, 1933, 92~93쪽과 『해월선생문집』을 참조).

해월은 '찬물에 갑자기 들어가 앉으면 몸에 해롭다'는 말소리를 하늘로부터 들었을 때 득도한 것이 아니다. 그저 괴이함만을 느꼈을 따름이다. 그는 멀리 떨어진 산속 절간에서 스승이 제자들을 걱정하며 읊조리던 말이 바로 그 시간에 자신이 하늘에서 들은 소리였음을 알았을 때 비로소 큰 깨달음을 얻었다. 그 커다란 깨우침의 순간은 해월 사상이 아픔이라는 문제에서 출발하였음을 전하고 있다. 진리를 모르는 고통으로 인하여 더욱 제 몸에 고통을 가하는 그 어둡고 춥고 답답한 마음을 안타깝게 여기는 말소리가 곧 하늘님 말씀임을 알아차리는 것, 그 어둡고 춥고 답답한 마음 자체가 하늘님 마음으로서 누군가에게 공감될 수 있음을 알아차리는 것, 그것이 모든 생명의 마음속에 신성이 내재함을 아는 것이기 때문이다.

나아가 이 사건은 아픔을 매개로 하는 마음의 소통 활동에 매우 독특한 시간성이 있음을 드러낸다. 전남 남원의 교룡산에서 읊조린 말이 동시간대의 경북 포항 산골짜기에 울려 퍼지는 시간성은 '시간=거리/속력'의 공식으로 환원할 수 있는 시간과 전혀 다르다. 물리적 거리와 속력에 종속되는 물리적 시간과 전혀 다른 것이다. 좁은 범주의 사람, 즉 유색인-여성-어린이-노동자-장애인-성 소수자-비인간을 배제한 사람에게 시간은 그런 평범한 시간이었을 것이다. 그러나 그 범주 바깥의 '것'들은 어둡고 춥고 답답하다는 말소리를 서로 주고받으며, 그 아픈 마음의 소통 자체를 새로운 시간의 파동으로 펼칠 수 있다. 그리하여 이번 호의 제목을 "아픈 것들과 이 땅의 시간"이라고 하였다. 사람대접을 받지 못하는 '것'들이 주어가 되는 과거·현재·미래는 새로운 의미의 과거·현재·미래일 수밖에 없을 것이다.

기존의 이론으로는 설명하기 어려운 삶에 근거하여 더 보편적인 사유를 더 주체적으로 창조하고자 하는 ‹다시쓰다› 꼭지에는 여섯 편의 글과 김동민의 세 번째 연재를 실었다. 특히 여섯 편의 글은 공통점에 따라서 앞의 세 편과 뒤의 세 편으로 묶어서 읽으면 더 재미나도록 배치하였다. 앞의 세 편은 우리가 이미 숨 쉬고 있는 현실 속에 어떠한 전복과 해방의 힘이 내재하는지를 살핌으로써, 과거부터 지금까지 억압받아 온 인민의 경험과 기억 속에 근본적으로 새로운 대안의 미래가 들어 있음을 증명한다. 뒤의 세 편은 그 해방과 대안의 꿈을 동학(천도교)와 함석헌의 씨올 사상과 북한의 반제국주의 주체 이념 등과 같은 한반도의 자생적 사유로부터 길어 올린다.

안희제의 글 「시간들의 교차로에서: 아픈 사람, 퀴어, 장애의 시간」은 크론병을 갖고 살아가는 사람이 집에서 통증으로 숙면을 취하지 못하고 일어나 실눈으로 천장을 바라보는 시간, 그리고 휠체어 탄 친구와 카페에서 만나 휠체어 바퀴가 한국의 거리에 나올 때 걸리는 시간을 고민하며 다시 집으로 돌아온 하루의 이야기이다. 이 하루의 이야기는 '표준'의 시간으로 환원될 수 없는 장애의 시간이 "미래 없음의 위협 안에서 순간의 가능성을 확장"하는 '퀴어의 시간', 그리고 "시간 자체를 재고하게" 하는 '불구의 시간'과 온몸으로 교차하면서, 장애인의 일상이 이른바 (정상인)의 시간을 얼마나 비정상적인 폭력으로서 직면하는지를 드러낸다.

박희주의 글 「멸망을 겪은 자들이 그리는 미래: 아시안 퓨처리즘과 라티노/라티나 퓨처리즘에 대하여」는 오늘날 북미에서 인종적 소수자의 시선으로 미래를 바라보는 SF 이야기들이 폭발하고 있으며, 이는 이미 식민 지배와 같은 디스토피아와 파멸을 겪은 사람의 관점에서 백인·남성·이성애 중심의 현실과 SF 사이의 경계선이 과연 얼마나 자명할 수 있는지를 심문한다고 말한다. 이처럼 서구 중심적 문화에서 언제나 대상화되던 인종적 소수자가 자신의 미래를 스스로 이야기하는 실천, 그중에서도 특히 시간여행이라는 서사 형식은 제국주의적 시간관인 직선적 시간관에 맞서 현재 속에 과거와 미래가 공존하는 평행적 시간관을 제시함으로써, 억압받는 소수자들의 과거로부터 서구-근대-제국주의가 포획하지 못하는 새로운 대안적 미래를 발견하고자 한다.

이원진의 글 「K-정치좀비물의 기원을 찾아서: 순종의 열망과 잡종의 변이 혁명」은 최근 한국 판타지 드라마에 몸과 몸의 접촉을 통하여 이승과 저승, 현대와 과거를 소통시키며 인민의 고통을 풀어 주는 샤머니즘적 특성이 뚜렷하게 나타난다고 진단한다. 이러한 샤머니즘적 특성은 드라마 ‹킹덤›에서 입만 남은 인민 좀비의 몸이 '밥이 하늘님'인 세상으로 돌진하는 것, 좀비이되 다른 세상을 꿈꾸는 좀비로 부활하는 것, '순수혈통'의 위계를 고집하는 민족-국가의 권력에 맞서 "잡것(천것)의 변이"를 일으키는 것으로 나타난다고 한다.

조성환의 글 「동학·천도교의 생명미래주의(biofuturism): 최시형의 향아설위와 김기전의 어린이론을 중심으로」는 '동학(천도교)에서 어린이운동을 하는 철학적 이유는 무엇인가?'라는 흥미로운 물음에서 출발하여, 천도교 사상가 김기전의 어린이주의를 유학의 상고주의에 맞선 미래주의로 해석하는 한편, '조상이 아닌 자신에게 제사를 지내라'는 최시형의 향아설위 사상을 생명주의로 해석한다. 동학(천도교)에서 말하는 개벽은 김기전의 미래주의와 최시형의 생명주의가 접합하는 지점이므로, 이 글은 미래가 생명을 열고 생명이 미래를 연다는 뜻의 '생명미래주의'라는 개념을 제안한다.

김대식의 글 「지금은 '생태적 시간'이 요청되는 때!」는 한국 민중의 역사를 고난의 역사로 바라본 함석헌의 역사관에 근거하여, 계측적인 인위의 시간과 자본주의적인 폭력의 시간에서 벗어나 인간 주체의 한계를 인식하는 자연적 시간과 비소유(非所有)를 지향하는 아나키적 시간을 모색한다. 더 많은 생산과 소유를 위해서 시간을 끝없이 쪼개고 가속화하는 계측적·자본주의적 시간과 달리, 자연적·아나키적 시간은 각기 고유한 생명을 느리게, 게으르게, 자유로

이, 오롯이 누리는 '짬' 속에서 자기 주변의 이웃과 자연을 돌아보며 그들의 고난을 함께 경험하는 생태적 시간이 된다.

정혜정의 글 「분단의 시간, 북한의 '반제(反帝)'와 '주체(主體)'」는 8·15 해방 이후로 남북한 분단이 굳어져 온 과정 속에서 북한이 남한과 다른 빛깔의 시간을 통과해 온 과정을 거침없고도 정확한 필치로 짚어 낸다. 미국·일본에 맞서려는 반제국주의와 중국·러시아로부터 독립하려는 반대국주의(反大國主義)를 통하여 주체적 민족성을 지키고자 하였던 북한의 시간은, 서구 근대 자본주의 문명 아래의 정신적 식민화에서 아직 충분히 벗어나지 못하고 있는 남한의 시간에 새로운 통찰을 던지는 측면이 있을 것이다.

지난 제3호에 이어서 이번 호에도 제도권 학문에 찌들지 않은 청년의 새 목소리를 ‹다시열다› 꼭지에 담아내었다. 김지우의 글 「나를 반성하다: '함께철학'을 통한 나의 개벽」은 지금까지 타자를 객체로 여기며 나 자신의 독단적 자유를 추구해 온 코기토적 개인주의, 그리고 투쟁과 폭력을 통한 발전이 가장 훌륭하다는 서구적 사고방식을 근본적으로 반성하는 것이 곧 나의 개벽이며, 그 개벽의 씨앗이 한국철학사에 담겨 있음을 깨달아 간 과정의 기록이다. 원효의 화쟁과 최치원의 풍류도로부터 동학의 천지부모 사상까지를 관통하는 한국철학의 특징은 생각의 차이, 계급의 차이, 인간/비인간의 차이를 넘어서는 '함께철학'이기 때문이라고 한다.

다시개벽에의 방향성이 구체적으로 드러나는 텍스트를 꼼꼼히 읽는 ‹다시읽다› 꼭지에는 세 편의 글을 실었다. 이정아의 『지구적 전환 2021: 근대성에서 지구성으로 다시개벽의 징후를 읽다』 서평은 우주 만물을 '님'으로 부르는 의식과 관계의 전환, 지구의 위기를 인간의 책임으로 받아들이는 성숙, 자본주의적 각자도생의 확증편향을 넘어서는 정서적 연대, 전환사회운동과 생태민주주의의 바탕이 될 지구인문학을 다시개벽의 징후로 짚어 낸다. 홍박승진의 글 「방정환의 동시(童詩)와 동학의 자연사상」은 성인 중심의 문학사에 대하여 문제를 제기하고, 생명이 생명을 끝없이 살리는 우주 자연의 내재적 신성이 어린이의 마음속에서 가장 뚜렷이 드러난다는 동학의 관점이 어린이주의적 문학사 모색의 사상적 기반이 될 수 있다고 본다. 황종원의 글 「위기의 시대, 동학을 다시 읽는다: 『동학의 재해석과 신문명의 모색』에 관한 서평」은 기독교적 회심 개념과의 비교가 동학사상의 강점과 약점을 밝힐 수 있고, 보편주의와 다원주의를 결합하며 신비주의와 사회적 윤리를 결합한 동학이 현대사회의 종교 문제에 유의미한 통찰을 제시하며, 서구 근대의 폐단이 극한에 이른 지구 위기를 극복하기 위해서는 영성에 근거한 생태적 신문명의 모색이 필요하다는 점 등을 말한다.

조한혜정(제1호), 안상수(제2호)와의 대담을 이어, (제3호에서는 잠시 쉬어 간) 이번 호 ‹다시말하다›에서는 SF 연구의 세계적 권위자인 셰릴 빈트(Sherryl Vint) 교수가 그의 제자이자 본지 편집위원인 유상근과 나눈 대담을 담았다. 이 대담에서 빈트는 SF가 과학기술의 변화에 따른 삶의 변화를 드러낼 수 있으며, 사변문학이 미래의 사회 구조에 관한 사고 실험을 수행함으로써 페미니즘처럼 더 나은 세상을 상상하는 데 기여할 수 있다는 메시지를 전한다.

마지막으로 지구적-영적 사유에 관한 한국사상의 흔적을 발굴하는 ‹다시잇다› 꼭지에서는 두 편의 글을 현대 한국어로 소개하였다. 김현숙이 옮긴 이돈화의 글 「문화주의와 인격상 평등」은 기존 연구에서 일본 문화주의의 영향을 받은 것으로 간주되기도 하였지만(허수, 『이돈화 연구』, 역사비평사, 2011), 이번 현대어 번역으로 드러난 그 글의 실상은 단지 문화주의를 추종하는 것이 아니라, 문화가 만인의 하향평준화를 넘어서 만인의 생명 도약을 추구하는 수단이 되어야 한다고 말한다. 박길수와 조성환이 옮긴 이관의 글 「종교는 철학의 어머니」는 유심론 철학과 유물론 철학 각각의 폐단을 지적하며 그 원인이 종교에 근거하지 않고 방향성을 잃어 지엽말단에 천착한 탓이라고 하는데, 이는 오늘날 우리에게도 중요한 통찰을 던지는 것이라 할 수 있다.

다음 제5호(겨울호)는 계간 『다시개벽』 창간 1주년 특집이다. 매년 겨울호는 서구 중심주의에 대한 비판을 다루기로 하였으므로, 제5호는 동학(천도교)

의 탈식민주의를 각 분야에 따라서 다각적으로 고찰하고자 한다. 철학, 역사학, 문학, 정치학, 윤리학, 미학, 종교학, 신학 등의 관점을 통해서 사대주의에 맞선 동학의 창조성과 그것의 현대적 의의를 살필 것이다. 이처럼 한국 안에서 동학의 창조성을 바라보는 데에서 한걸음 더 나아가, 한국 밖에서 동학의 창조성을 바라본 사례까지 제5호에 담고 싶다. 이 주제에 관한 독자의 원고 역시 간절히 기다린다. 찬물에 들어가 앉은 마음으로. 찬물에 들어가면 몸에 해롭다는 말소리를 듣고자 하는 마음으로.

다시 쓰다

RE: WRITE

시간들의 교차로에서

아픈 사람, 퀴어, 장애의 시간

안희제

【실눈과 천장의 시간】

'굿모닝'이라는 인사는 나에게 잘 어울리지 않는다. 가끔 일찍 일어나는 날도 있지만, 평균적으로 볼 때 오전 11시가 나에게는 이른 기상 시간이다. 11시에 눈을 떴다면 정신이라도 들어 있어야 하는데, 자리에서 일어나고서도 몇 시간을 실눈으로 보낸다.

나는 크론병을 갖고 살아가고 있다. 이 희소질환[i]은 자가면역질환이고, 자가면역질환이 으레 그렇듯 만성질환이다. 자가면역질환은 면역체계의 이상(異常)으로 병원균이 아닌 일반 세포를 공격하여 문제가 생기는 것으로, 크론병은 주로 항문부터 입까지 이어지는 소화기 전체에서 증상이 발생한다. 나는 증상이 거의 없는 시기, 즉 관해기(寬解期)라서 면역억제제 세 알만을 매일 밤 먹고 자는데, 증상이 없다는 게 곧 일상이 편하다는 의미는 아니다.

아픈 사람으로서 가장 고통스러운 건 수면이다. 영미권의 자가면역질환 커

---

i 공식적으로는 주로 '희귀질환'이라는 명칭이 사용되지만, 드물고 '귀한' 질환이라는 뜻의 '희귀질환'은 질환의 가시화도 안 된 상황에서 기만적이고 시혜적인 표현이라는 문제의식에서 '희귀' 대신 '희소'라는 표현을 사용했다. 서이슬, "10만 명 중 한 명, 희소한 만큼 불편한 일상", «비마이너», 2021.02.26일자를 참고하라. (https://www.beminor.com/news/articleView.html?idxno=20857)

뮤니티에서는 다양한 밈(meme)을 볼 수 있는데, 거기서 가장 자주 등장하는 단어 중 하나는 'painsomnia(페인섬니아)'다. 이는 'pain(고통)'과 'insomnia(불면)'를 합친 말로, 통증으로 인해 생기는 아픈 사람의 불면을 의미한다. 불면 이후 간신히 든 잠은 결코 개운할 수 없다. 자다가도 갑자기 찾아오는 복통, 이미 망가져 있는 생활 리듬으로 인해 나는 한 번의 잠에 적어도 2~3번은 깬다. 자고 있는 건지, 자다가 깼지만 눈만 감고 있는 건지 알 수 없는 경우도 잦다.

여전히 가시지 않는 피로로 간신히 실눈이나마 뜬 채로, 한쪽 손을 머리에 올리고 화장실로 향한다. 손을 댄다고 두통이 가시는 것도 아닌데…. 다소 난감하지만 두통 또한 크론병의 가장 흔한 증상 중 하나다. 머리가 언제부터 소화기였나 싶을 수도 있지만, 실제로 자가면역질환은 어느 부위에나 침투할 수 있다. 나 또한 두통이 너무 심해서 크론병이 머리에도 퍼졌는지 확인하기 위해 검사를 해보기도 했다(다행히 아직 머리는 무사하다). 그렇게 개운함, 혹은 숙면이라는 경험이 더는 나의 것처럼 느껴지지 않는 날들에, 나의 하루는 최소 오전 11시쯤 시작되고, 소위 '정상적인' 일상은 두통과 실눈으로 유예된다.

크론병 외에는 뚜렷한 원인이 없는 피가 묻은 휴지를 변기에 앉아 마주하는 일은 이제 익숙해졌다. 나는 화장실 바로 옆의 다른 방으로 가서 바닥에 드러눕는다. 너무 피곤해서 눈을 감았다가, 그래도 다시 잘 수는 없다고 뜨는 실눈. 눈앞에 보이는 건 천장뿐이다.

일하거나 누군가와 만날 때 필요한 체력을 회복하려면 시간이 필요하다. 약을 먹어도 해결되지 않는 증상들이 있고, 약까지 먹을 수준은 아니어도 일상생활에 잔잔하게 지장을 주는 수많은 증상이 있다. 경미한 두통과 관절통, 쓸린 듯 따가운 항문, 약간의 어지러움과 함께 온몸에 기본적으로 퍼져 있는 적당한 무력감. 어떤 것은 질병의 증상이고, 어떤 것은 면역억제제의 부작용이고, 어떤 것은 질병과 약물로 변한 몸이 새로이 겪게 된 일상의 일부분이다.

몸이 일상에서 경험하는 모든 종류의 불편이나 손상이 의료적으로 해결될 수 있다고 믿고, 그것에 의료적으로 개입하려는 '의료화'가 근본적인 해결책일

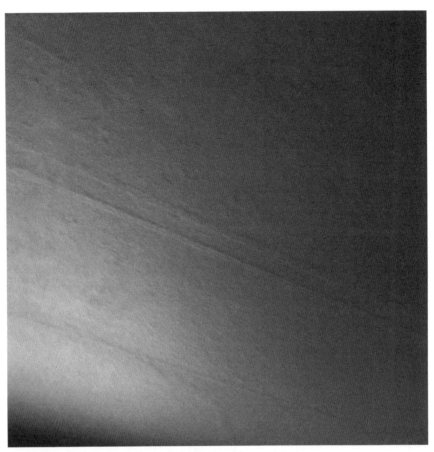

천장의무늬: 잔잔하게 파도가 치는 것 같기도 하고, 얼룩이 진 것 같기도 하고, 벽지랑 비슷한데 어딘가 낯선. 깨끗한지 지저분한지도 헷갈리는, 묘하게 얼룩진 하얀 천장. © 안희제

수 없는 이유는 우리 일상의 대부분이 실제로 병원 바깥에서 일어나는, 약으로 해결할 수 없는 영역이기 때문이다. 여기서 중요한 것은 약보다도 시간이다. 조한진희는 아픈 사람이 "퇴근 후 아무것도 하지 않으며 고요 속에서 온전히 휴식을 취해도 불안하지 않기를 원한다"고 말하며, 이것이 곧 "우리가 아플 수 있는 권리"라고 쓴다.[2] 여기서 '쉴 시간'은 곧 권리로 여겨지고 있다.

크고 작은 온갖 증상이 언제 나타날지 모르는 만성질환자에게 쉴 시간이란 곧 '아플 시간'이기도 하다. 여기서 아플 시간은 몸이 요구하는 최소한의 휴식이기도 하고, 기침이나 발열처럼 몸이 스스로 질병을 완화하는 과정이기도 하다. 하지만 우리는 바쁘거나 불편하다는 이유로 약을 먹어서 아플 시간을 없애고자 한다. 조한진희는 그 원인을 건강과 능력을 동일시하는 사회에서 찾는다.[3]

아플 시간이 없다면 아픈 사람은 증상이 충분히 완화되지 않은 채로 자신의 몸이 감당할 수 없는 일들을 요구받게 된다. 따라서 일상을 제대로 영위하기 어렵고, 아픔은 사회적으로 드러날 수 없게 된다. 이처럼 아플 시간이 주어지지 않는 사회에서 아픈 몸은 일터나 지역사회가 아닌 집이나 병원에만 존재할 수 있게 된다. 그러니 아플 시간, 아픈 사람의 쉴 시간은 아플 수 있는, 아픈 채로 살 수 있는 권리이기도 한 것이다.[4]

홍수영은 근육병으로 인해 시시각각 상태가 변하는 자신의 몸을 "시간 혹은 순간의 몸"이라고 표현한다.[5] 아픈 사람에게 몸이란 건강하다가 가끔 아픈 것이 아니라, 피곤하다가 이따금 활기찬 것이어서, 실상 그 상태를 설명할 유일할 단어는 '불안정'일 때가 많다. 내가 확신할 수 있는 건 사실상 지금 당장 내가 아픈지 아닌지뿐이고, 때로는 그것조차 쉽지 않기 때문이다. 그렇게 아

2 조한진희, 『아파도 미안하지 않습니다』, 파주: 동녘, 2019, 332쪽
3 조한진희, 같은 책, 325~326쪽
4 안희제, "질병권, 현재를 살아내기 위한 권리", «비마이너», 2020.11.12일자.
5 홍수영, 『몸과 말』, 서울: 허클베리북스, 2020, 45쪽

픈 사람의 시간은 지금 당장의 한순간으로 축소되어 간다.

20세기 후반 미국에서의 에이즈 확산은 게이 공동체의 구성원들이 미래를 상상하기 어렵게 만들었다. 언제 죽을지 알 수 없는 상황에서 이들은 먼 미래를 계획하기보다 당장 현실에 주어진 가능성들에 집중할 수밖에 없었기 때문이다. 여기서 발생한 새로운 시간관을 주디스 핼버스탬은 '퀴어의 시간(queer time)'이라는 이름으로 포착한다. 핼버스탬에 따르면, 많은 사람들이 공장의 시간(industrial time)에 살아가는 현대 사회에서 재생산의 시간은 결혼한 커플들의 생애주기에, (중산층) 가족의 시간은 아이를 돌보기 위해 일찍 자고 일찍 일어나는 규범적인 일상에 맞추어져 있다. 나아가 유전(inheritance)의 시간은 가치 체계나 부가 가족을 매개로 세대를 건너 넘겨짐으로써 가족과 국가의 안정성을 형성하고 유지한다.[6] 퀴어의 시간은 바로 그러한 '곧은(straight)' 시간들에서 빗겨나갈 때 발생한다. 그래서 퀴어의 시간이란 곧 '퀴어한 시간(queer time)'이기도 하다.

퀴어의 시간, 혹은 퀴어한 시간에서 "계속 쪼그라드는 미래는 '지금', '여기'를 강조하고, 미래 없음의 위협 앞에서 존재의 위기에 당면한 이들은 순간의 가능성을 확장하는 동시에 가까운 시간 안에서 새로운 가능성들을 쥐어 짜낸다."[7] "행복한 순간이 곧 끝나버릴 것이라는 불안"이 "충만함 뒤의 불행을 상상하는" 습관으로[8] 이어지곤 하는 아픈 사람의 시간은 지금 당장 눈앞에 놓인 것들에 집중한다는 점에서 퀴어의, 퀴어한 시간과 공명한다. 가족을 단위로 하는 경제·돌봄 정책의 한계, 아픈 사람이 노동자가 될 수 없는 노동조건, 나아가 가정을 꾸릴 수 없고 재생산할 수 없는 사회에서 이는 어쩌면 당연할지도 모른다.

6 Judith Halberstam, *In A Queer Time And Place*. New York: New York University, 2005, pp.1~21.

7 Ibid., p.2

8 이다울, 『천장의 무늬』, 서울: 웨일북, 2020, 120쪽

머리를 붙들고 천장을 보다 보면, 피로가 조금 회복되어 일어나서 씻고 움직일 수 있게 된다. 느릿느릿 나갈 채비를 한다. 나는 친구와 만나기 며칠 전부터 갈 수 있는 식당의 목록을 찾아야 했다. 그러나 휠체어가 접근할 수 있는 곳의 목록이 보기 좋게 정리된 지역은 거의 없다. 지자체에서 정리한 자료가 있더라도 치열한 경쟁과 임대료 폭탄으로 인해 식당과 카페는 수시로 문을 닫고 간판이 바뀌기에 큰 의미가 없다.

이럴 때 필요한 건 사람들의 지식이다. 소셜 미디어에 올린 게시물에 감사하게도 많은 분이 댓글을 남겨 주었고, 나는 이를 모두 기록해 두었다. 친구와 나는 식사라기보다는 간식에 가까운, 크로플[9] 같은 달달한 빵과 커피, 그리고 술을 함께 파는 조용한 카페를 찾았다. 턱이 약간 있었지만, 다행히 전동휠체어도 넘을 수 있는 정도의 높이였다. 다만 내부 화장실로 들어가는 턱은 아주 높다는 점이 먼저 도착해서 친구를 기다리는 내내 마음에 걸렸다.

곧 친구는 입구의 턱 앞에서 두어 번 앞뒤로 움직이더니 카페 안으로 들어왔고, 오랜만에 만난 우리는 크로플 하나와 칵테일 두 잔을 시켜놓고 이야기꽃을 피웠다. 그러다가 친구가 화장실에 다녀오겠다고 말했고, 나는 우선 자리에서 함께 일어났다. 이전에 성수동에 있는, 어느 공장을 리모델링하여 만든 카페에 그와 함께 갔을 때도 비슷한 상황이 있었는데, 그때 그의 보행을 내가 약간 보조해야 했기 때문이다.

휠체어가 다른 의자에 부딪히지 않도록 신경 쓰면서 화장실 앞에 도착한 우리에게는 약간의 시간이 필요했다. 그는 휠체어의 전원을 끈 후 핸들을 옆으로 돌리고 천천히 자리에서 일어났고, 나는 혹시 모를 상황을 대비하여 옆에서 일단 서 있었다. 이 화장실은 턱은 있지만 문 사이에 좁아서 팔로 몸을 지지

9 크루아상과 와플을 합친 신조어로, 크루아상 생지를 와플 기계에 넣고 구운 음식이다.

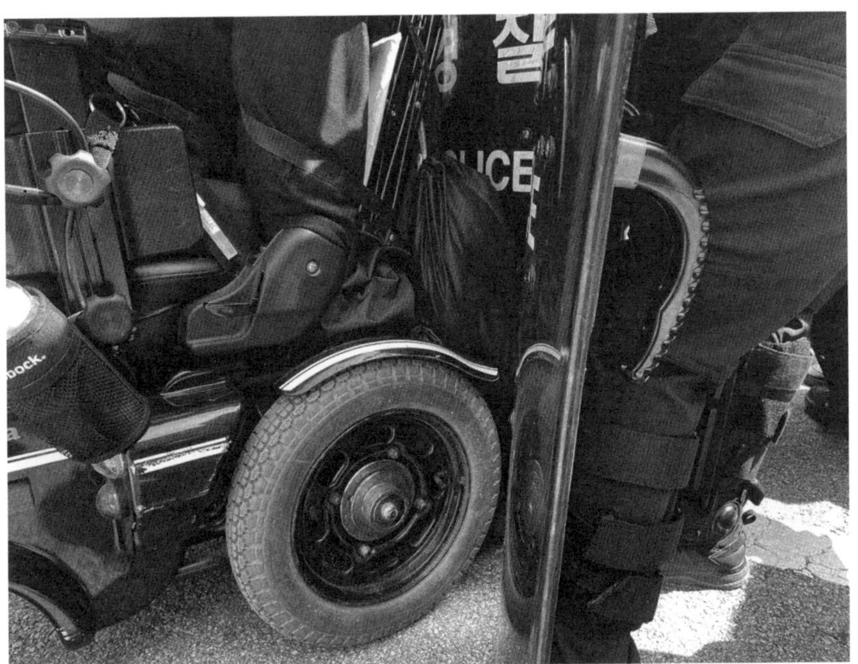

휠체어와 방패: 2021년 420 장애인차별철폐의날 세종특별시 도담동에서의 집회. 흠집이 나서 지저분한 경찰 방패와 전동휠체어 뒷바퀴가 맞닿아 대치하고 있다. © 안희제

하기에는 오히려 나은 편이었고, 변기까지의 거리가 멀었던 성수동 카페의 화장실과는 달리 이번에는 내가 할 일이 따로 없었다. 그가 화장실에 들어간 뒤 나는 문을 닫고 그의 휠체어에 앉아서 핸드폰을 보기 시작했고, 그가 나와서 휠체어에 앉는 걸 본 이후에는 내가 화장실에 들어갔다.

만약에 이 화장실에 턱이 없었다면, 그리고 적당한 위치에 사람이 잡을 수 있는 손잡이나 지지대가 있었다면 그가 화장실에 갈 때 내가 동행하고 기다릴 필요는 없었을 것이다. 이처럼 장애인의 활동에 추가적인 시간이 필요한 상황을 두고 영미권에서는 '불구의 시간(crip time)'이라는 은어를 사용하기도 한다. 저상버스나 지하철을 타지 못해서, 혹은 장애인용 콜택시 예약이 밀려서 행사나 약속에 늦는 것을 주로 불구의 시간이라는 말로 지칭하는데, 여기서 필요한 건 '늦어도 괜찮아'라는 말이 아니다. 물론 그러한 말이 주는 안도감이 존재하지만, 무엇보다 중요한 것은 지금의 사회에서 애초에 '제시간'을 맞출 수 있는 몸, 즉 사회에서 '이동하는 사람'으로 상정되어 있는 몸의 전제가 갖추고 있는 모습일 것이다. 앨리슨 케이퍼(Alison Kafer)는 이 불구의 시간이 "확장되기만 한 것이 아니라 폭발해 버린" 시간이라고 말한다. 불구의 시간은 그저 '더 많은 시간'이 아니라, 우리가 평소에 생각하는 시간이나 '제때'의 개념이 어떤 몸을 전제하고 있는지 따져 물음으로써 시간 자체를 재고하게 만든다는 것이다.[10]

나에게는 다소 큰 충격으로 남아 있는 경험이 하나 있다. 학교의 장애인권동아리에서 함께 버스를 타고 한강으로 가서 한강에서 배리어프리하게 놀 방법을 찾아보는 날이었는데, 한강에 도착하기도 전에 우리는 여러 난관을 넘어야 했다. 학교에서 나와 우리가 가야 하는 버스정류장까지 가는 길부터 휠체어가 다니기에 너무 불편했기 때문이다. 울퉁불퉁한 바닥의 중간중간에는 보도블록이 부서져 있어서 아주 위험했고, 갑자기 턱이 있어서 지나갈 수 없는 길도 있었다. 그 길을 지나서 버스정류장에 도착해서도 우리는 계단식으로 된

10 Alison Kafer, *Feminist, Queer, Crip*. Bloomington: Indiana University Press, 2013, pp. 26~27

'차별버스' 한 대를 그냥 보내야 했다. 저상버스가 도착해서도 그걸 타고 내릴 때 사람들의 시선은 모두 우리에게, 정확히는 휠체어를 탄 친구에게 집중되었다. 인도(人道)를 누빌 '사람'에, 대중교통을 이용하는 '대중'에 장애인은 포함되지 않는다고 말하는 듯했다.

한국의 거리에서 장애인이 사라진 이유를 딱 하나로 단정하여 말하기는 어렵겠지만, 한국이 여전히 '시설사회'라는 것은 여기에 대한 하나의 중요한 설명을 제공한다. 발전국가 시기와 그 이후 대한민국에서 정부는 '사회정화'를 내세우면서도 자신들이 거기에 충분한 예산을 투입하려 하지는 않았고, 대신 시설을 운영하는 사회복지법인들을 금전적으로 지원했다. 이들의 목표는 수용자들의 사회 복귀가 아니라 단지 비용의 최소화였기에, 정부는 시설의 수익사업과 수용자 인권 침해를 막지 않았고, 수용자들이 지역사회로 복귀할 가능성도 염두에 두지 않았다. 이는 비용의 최소화와 거리를 '정화'하겠다는 목표 사이에서 이루어진, 공적 개입의 부족을 민간 영역과의 탈법적 관계로 채우며 부랑자들을 철저히 도구화하는 과정이었다.[11]

이런 '사회정화'는 기본적으로 "특정 대상에 대한 감각적이고 직접적인 혐오(disgust)를 기반으로 하여 정치·문화 질서를 변증하고 유지하는 담론과 제도의 복합체를 구성"하는 사고회로인 '정치위생학(political hygiene)'[12]에 따라 부랑인이나 장애인을 '더러운 존재'로 규정함으로써 전개되었다. 대한민국의 맥락에서 '시설'은 '오물'을 '정화'하는, 즉 부랑인이나 장애인을 실질적인 '갱생' 혹은 '자활'로 이끄는 장소가 아니었고, 그렇다고 해서 이들을 효율적으로 '절멸'시키는 장소도 아니었다.[13] "신체가 멀쩡한 상태로 잡혀 와 상당수가 정신

11 김일환, 「'돈벌이'가 된 복지: 형제복지원 재단의 역사」, 서울대학교 사회학과 형제복지원 연구팀, 『절멸과 갱생 사이』, 서울: 서울대학교출판문화원, 2021.

12 김항, 「육체 없는 국민의 건강과 혐오: 현대 한국의 '정치위생학' 비판」, 『상허학보』 61: 89-130, 2021, 92쪽.

13 박해남, 「사회적 배제의 지속과 변형: 발전국가 시기의 사회정치」, 서울대학교 사회학과 형제복지원 연구팀, 『절멸과 갱생 사이』, 서울: 서울대학교출판문화원, 2021, 59~62쪽.

이상자가 되거나 지체장애인이 되었다"라는 한종선의 증언[14]처럼, '오물처럼 보이는' 사람들을 모조리 잡아다가 '실제 오물'로 만드는 공간에 가까웠다.

이렇게 될 때, 지역사회는 수용자들의 복귀에 대비할 필요가 없어진다. 장애인들이 지역사회로 나왔을 때 다닐 수 있는 거리를, 탈 수 있는 버스를, 노동할 수 있는 제도를 만들지 않아도 된다. 나와 친구들이 거리에서, 버스에서, 화장실에서 경험한 것들은 이례적인 불행이 아니라 지금의 대한민국이 세워진 구조에 내포된 현상이다. 장애인들이 도로를 점거하는 이동권 집회에서 "오늘 여러분에게 지체된 시간은 30분이지만, 우리는 30년에 걸쳐 거리에 나왔다"라고 말하는, 30분과 30년 사이의 간격은 대한민국이라는 시설사회가 만들어낸 하나의 '일정표(schedule)'인 것이다.

【시간들의 교차로에서】

친구와 헤어진 후 집에 돌아온다. 아직 입에는 프렌치커넥션의 달짝지근한 알코올 향이 남아서 크론병 환자가 뒤늦은 몸 걱정을 하게 만든다. 아마 쉽게 잠들지 못할 밤에 자리에 누워 생각한다. '표준'의 사람들이 특정한 시간대 안에서 활동할 수 있는 사회는 어떤 몸을 기준으로 하고 있고, 어떤 이들의 시간을 빼앗음으로써 만들어졌는가. 나의 시간은 왜 오늘도 깨어지고, 친구의 시간은 왜 또 늘어나며, 우리의 시간은 왜 자꾸 부딪히고 갈라지는가.

하루 동안에 우리가 서로 다른 시간을 살아가는 사람들과 마주친다는 것, 그리고 '다른 시간'이 의도적으로 삭제되었다는 하루의 전제를 고려할 때, 모든 사람의 '하루'는 수많은 시간들의 교차로다. '다른 시간'을 살아가는 사람들의 존재를 인지하고, 그 시간을 바탕으로 자신의 하루, 나아가 이 세상의 시

[14] 한종선, 「살아남은 아이」, 한종선·전규찬·박래군, 『살아남은 아이』, 서울: 이리, 2013, 18쪽.

간을 돌아볼 수 있는 바로 그 교차로에서, 어쩌면 가장 일상적이기에 가장 급진적인 질문과 변화가 시작될 수 있을지도 모른다. 나는 어떤 하루를, 어떤 시간을 살아가고 있는가? 이제 남은 건 아주 구체적인 '하루' 안에서 질문을 던지고 기록하며 세상을 돌아보는 일이다. 일기, 편지, 메모, 소셜미디어, 방식이 무엇이 되었건 말이다.

안희제
◈ 2014년 진단받은 크론병과 살아가는 아픈 사람으로서 세상을 다르게 이해하고자 한다 ◈ 저항하는 현장을 기록하는 데에 관심이 많으며, '비정상' 안에서 '비정상'을 옹호하는 동시에 '정상' 안에 들어가 미세한 균열들을 포착하고 세상을 조금씩 바꾸어내는 방법을 고민하고 있다 ◈ 아프다고 약만 먹기보다 어떻게든 술 한 잔 마실 기회를 노리며 살아간다

멸망을 겪은 자들이 그리는 미래

아시안 퓨처리즘과 라티노/라티나 퓨처리즘에 대하여

박희주

【위기의 시대, 희망을 찾아서】

'디스토피아는 이미 와 있다'라는 말은 이전에도 종종 나왔지만, 오늘의 인류가 처한 세태는 종식되지 않고 있는 코로나19 팬데믹과 빈도가 급속도로 증가하고 있는 이상기후 현상들의 여파로 흡사 SF나 판타지 영화에서 봐 왔던 장면들을 떠올리게 한다. 서유럽에 집중적으로 내린 폭우로 인해 독일, 벨기에, 스위스, 네덜란드 등지가 홍수에 잠긴 순간에도 태평양 북서부는 섭씨 50도까지 이르는 폭염에 불타오르고, 멕시코 남쪽 캄페체만에서 수중 가스관이 폭발하며 만들어 낸 깊은 바다 속 불이 활활 타오르는 광경은 『반지의 제왕』 3부작에 나오는 사우론의 눈을 연상시킨다. 인류의 환경 파괴는 정말 돌이킬 수 없는 지경에 이른 것일까? 또 그 질문에 답하는 선택지에는 종말론, 현실부정, 그리고 기술-긍정주의에 기댄 인류의 우주 정착 가능성 외에는 없는 것일까? 물론 이는 지구 전체에 관한 문제이지만, 그럴수록 세계(global)보다는 지역(local)에, 영향력을 가진 자들보다 가지지 못한 자들에게 관심을 더 기울여야 하지 않나 생각이 든다. 미래에 대한 불안과 희망은 수많은 서사 속에 표현되어 왔지만, 그 미래를 말하는 주체는 아직도 극히 일부에게 한정되어 있다. 때문에 우리는 '누가' 미래를 말하는가에 주목할 필요가 있다. 우리가 귀

기울여 듣지 않던 이야기들 속에 대안이 있지 않을까? 그러한 의미에서 이 글에서는 북미의 문화 속 인종적 소수자들의 시선을 담은 아시안 퓨처리즘(Asian Futurism)과 라티노/라티나 퓨처리즘(Latino/a Futurism)을 소개하려 한다.

【소수자들에 의한, 소수자들을 위한 미래】

서구 중심 문화에서 동양인들은 어느 시간에도 온전히 속하지 못하는 이질적인 존재로 그려져 왔기 때문에 아시안 퓨처리즘을 논할 때는 그 시간적 부조화를 먼저 바로잡는 데 어려움을 겪는다. 에드워드 사이드(Edward Said)[1]가 논한 전통적 오리엔탈리즘의 시각으로 바라본 동양은 전근대적 과거에 머물러 있으며, 데이빗 몰리(David Morley)와 케빈 로빈스(Kevin Robins)[2]가 지적한 테크노-오리엔탈리즘의 시각에서의 동양은 이미 언제나 미래에 있으며 현재에 존재하지 않는다. 그 사이에서 동양이나 동양인의 실체는 사라지고 왜곡된 허상만이 남아 서양의 경계를 구분 짓는다. 한 예로 1982년 작 ‹블레이드 러너›와 그의 후속 격인 2017년 작 ‹블레이드 러너 2049› 사이에는 35년이라는 세월이 존재하지만, 동양은 여전히 미래적 미학을 표현하는 데 소모되고 서사의 중심에는 다가가지 못한다. ‹블레이드 러너 2049›에는 동양인이 등장하지 않으며, K의 홀로그램 연인 조이만이 백인 여성의 모습을 하고 있지만, 치파오를 입은 채 성적 판타지로 대상화된 동양인 여성을 대체한다. 이런 이분법적 사고를 넘어서는 미래를 그리는 시도의 일환으로, 아시안 아트 이니셔티브(Asian Arts Initiative)는 2019년에 필라델피아에서 ‹새로운 아시안 퓨처리즘›(New Asian

1 Said, Edward. *Orientalism*. Pantheon Books, 1978.

2 Morley, D., and K. Robins. *Spaces of Identity: Global Media, Electronic Landscapes and Cultural Boundaries*. Routledge, 1995.

Futurism)을 주제로 내걸고 8명의 동양계 미국인 작가들과 함께 트랜스미디어 전시를 주최했다. 시인 칭인 첸(Ching-in Chen)은 카탈로그의 서문에서 "이곳에선 아무것도 잊혀지지 않는다 / 하지만 우리는 영원히 그 그늘에서 살지 않는다.(Here things are not forgotten / but we do not forever live in their shadow.)"[3]라고 말하며, 과거의 기억을 토대로 미래로 나아가야 한다는 아시안 퓨처리즘의 방향성을 제시한다. 여기서 또 주목할 점은 칭인 첸을 비롯해 전시에 참여한 작가들이 아프로 퓨처리즘, 인디저너스(indigenous) 퓨처리즘, 라티노/라티나 퓨처리즘 등 다른 인종적 소수자들의 미래주의와 연대해 다양한 가능성들을 열기 위해 치열하게 고민하고 있다는 점이다. 이런 연대를 가로막아 왔던 장애물에는 테크노-오리엔탈리즘과 흑인과 라틴계 미국인들을 억압하기 위해 악용된 모범적 소수인종 신화(model minority myth)가 포함된다. 이로 인해 백인의 특권에 근접한 '모범적 소수인종'인 동양계 미국인들은 이미 미래를 점유하고 있다고 잘못 인식되고는 한다. 하지만, 앞서 언급했듯 테크노-오리엔탈리즘적 시선에서 바라본 동양은 현재의 연장선상에 존재하지 않으며 동양인들에 의해 결정되지도 않는다. 따라서, 아시안 퓨처리즘에 있어 새로움을 강조하는 것은 이런 오리엔탈리즘의 역사를 거부한다는 다짐일지도 모른다.

미래를 상상하는 데 있어 과거의 중요성은 라티나 퓨처리즘에서도 강조된다. 캐서린 라미레즈(Catherine S. Ramírez)는 「아프로퓨처리즘/ 치카나퓨처리즘: 가상적인 친족(*Afrofuturism/ Chicanafuturism: Fictive Kin*)」이라는 글에서 아프로퓨처리즘과 궤적을 같이하는 치카나(Chicana)[4] 퓨처리즘도 멕시코계 미국인들의 삶과 문화에 과학과 기술이 미치는 영향을 탐구하며, 식민주의와 탈식민주의의 역사 속 인디오 문화(indigenismo)와 혼성적 문화(mestizaje)를 재현하고자

3 https://asianartsinitiative.org/exhibitions-events/exhibitions/new-asian-futurisms

4 1960년대 치카노 운동(Chicano Movement)을 기점으로 사용되기 시작한 멕시코계 미국인을 주체적으로 지칭하는 치카노라는 단어의 여성형이다.

한다고 말한다.[5] 캐스린 호세피나 멜라-왓슨과 벤 V. 올귄(B. V. Olguín)은 『다른 세계들: 라티나 사변적 문학, 영화와 대중문화(*Altermundos: Latin@ Speculative Literature, Film, and Popular Culture*)』라는 책의 서문에서 라틴계 미국인들을 비롯한 다른 소수민족들은 이미 식민 지배와 인종화라는 아포칼립스를 겪은 자들이고, 이미 멸망을 겪은 자들에게 포스트 아포칼립스를 비롯한 많은 SF 장르들은 다르게 다가온다는 점을 지적한다. 주노 디아스의 소설 『오스카 와오의 짧고 놀라운 삶(*The Brief Wondrous Life of Oscar Wao*)』에서 우리가 소위 말하는 만화와 애니메이션 '덕후'인 주인공 오스카 데 레온은 본인의 고향에 대해 "산토 도밍고처럼 SF 같은 곳이 있어? 앤틸리스 제도처럼 판타지 같은 곳이 있냐구?(What more sci-fi than Santo Domingo? What more fantasy than the Antilles?)"라고 반문한다. 그의 말은 도미니카 공화국을 타자화시키기보다는 SF와 판타지를 규정짓는 현실과 가상의 경계선은 누구의 시선으로부터 보는가에 따라 다를 수 있다는 것을 상기시켜준다. 역사적인 예로 라틴계 미국인들은 아시안계 미국인들과 같이 북미에서 영원한 이방인으로 간주되지만, 초창기 멕시코계 미국인들은 "우리가 넘어간 것이 아니라 국경이 우리를 넘어왔다"라고 말한다. 1848년 과달루페 이달고 조약으로 인해 멕시코의 영토였던 곳들이 한순간에 미국에 종속되었기 때문이다. 또한 '라티노'는 여러 인종과 멕시코에 국한되지 않은 출신 국가들을 아우르는 공동체들을 하나로 묶은 개념이지 인종을 지칭하는 용어가 아니다. 따라서 라틴 아메리카의 원주민들, 대서양 무역으로 강제 이주한 아프리카 노예들, 그리고 동양에서 온 계약 노동자들의 역사들 모두 민족주의적 메스티사헤 담론[6]에서 벗어난 라니타 퓨처리즘이 나아갈 방

5 Ramírez, Catherine. "Afrofuturism/Chicanafuturism: Fictive Kin," *Aztlan: A Journal of Chicano Studies*, vol. 33 no.1, 2008, pp. 185-194.

6 치카나 페미니스트인 글로리아 안잘두아(Gloria Anzaldúa)가 그의 저서 『경계지대/경계선(*Borderlands/La Frontera*)』에서 다루는 교차성 이론(intersectional theory)의 초석을 제공한 메스티사헤와 교차성이 소거된 민족주의 적 메스티사헤는 궤적을 달리한다고 볼 수 있다.

향성을 제시하는 아포칼립스들이다.

【디아스포라와 시간 여행】

국경을 넘는 이주는 공간적이자 시간적인 절차이다. 다양한 자의 또는 타의에 의해 이미 디아스포라라는 시공간적 이동을 겪은 자들과 그들의 후손들에게 시간 여행은 어떤 의미일까? 테드 창의 「상인과 연금술사의 문(*The Merchant and the Alchemist's Gate*)」이나 찰스 유의 『SF 세계에서 안전하게 살아가는 법(*How to Live Safely in a Science Fictional Universe*)』처럼 타임 포털이나 타임머신을 직접적으로 보여주는 작품도 있지만, 흥미롭게도 켄 리우의 SF 단편 소설 「역사에 종지부를 찍은 사람들—동북아시아 현대사에 관한 다큐멘터리(*The Man Who Ended History: A Documentary*)」는 인간의 뇌를 이용한 다소 다른 형태의 시간 여행을 다룬다. 심지어 작중에서 시간 여행을 통해 역사를 바로잡고자 한 아케미와 그의 중국계 미국인 남편 에번 웨이의 노력은 얼핏 보면 실패로 끝난 것 같아 보인다. 하지만, 소설의 마지막에 주인공인 일본계 미국인 물리학자 아케미 기리노 박사는 이런 말을 남긴다. "별하늘을 올려다볼 때, 우리는 쏟아지는 별빛에 물듭니다. 그 빛은 핑팡의 마지막 희생자가 죽은 날, 아우슈비츠에 마지막 열차가 도착한 날, 마지막 체로키족 원주민이 조지아주를 떠난 날 태어났습니다. 그리고 우리는 머나먼 우주의 저편에 사는 이들이, 만약 그들도 보고 있다면, 그 순간순간을 지켜보리라는 것을 압니다."[7] 과거로의 회귀를 가능하게 한 봄기리노 입자(Bohm-Kirino particle)는 시간 여행 후 소멸되며 역

7 "Look up at the stars, and we are bombarded by light generated on the day the last victim at Pingfang died, the day the last train arrived at Auschwitz, the day the last Cherokee walked out of Georgia. And we know that the inhabitants of those distant worlds, if they are watching, will see those moments, in time, as they stream from here to there at the speed of light."

사의 한순간을 함께 지워버리는 치명적인 오류를 범하지만, 그 모든 것이 헛된 것만은 아니었다고 작가는 말한다. 우주의 차원에서 보면, 그 모든 역사적 순간순간들의 기록들은 쏟아지는 별빛 속 어디인가에 지워지지 않고 남아 있을 것이기에. 아케미 역시 자신의 조부가 731부대의 지휘관이었다는 잔인한 사실을 외면하지 않고 고스란히 증인으로서 직면하는 길을 택한다. 위에 언급된 731부대가 주둔했던 핑팡(平房), 유대인 수용소가 있었던 아우슈비츠, 그리고 체로키족 원주민들이 걸어갔던 눈물의 길, 이 세 곳의 공통점은 제국주의 아래 억압받은 자들의 기억을 복기지(palimpsest)처럼 머금은 장소라는 것이다. 이러한 관점에서 켄 리우의 단편 소설 또한 일본 제국주의의 만행을 고발하다 그 무게에 눌려 자신의 삶을 스스로 마감한 에번의 이야기를 통해 난징 대학살을 세계에 알린 역사학자 아이리스 장을 기억하고자 하는 복기지라고 볼 수 있지 않을까?

「역사에 종지부를 찍은 사람들…」이 시간 여행이라는 장치를 통해 제국주의에 의해 왜곡되고 지워지는 과거를 재조명했다면, 알레한드로 모랄레스의 1991년 소설 『봉제 인형 역병(*The Rag Doll Plagues*)』은 과거-현재-미래의 구분을 무너뜨리며 직선적인 시간관은 곧 제국주의의 시간관이기도 하다는 것을 보여준다. 이 소설은 그레고리(오)라는 같은 이름을 가졌으며 의사인 세 명의 주인공들이 각기 다른 시대에 경험한 팬데믹에 대해 기록하는 구조로 되어 있다. 첫 번째 그레고리오는 원인을 알 수 없는 '라 모나(La Mona)'라는 역병의 치료를 돕기 위해 18세기 스페인 식민지 시절 멕시코로 파견된다. 그곳에서 그는 아메리카 원주민과 유럽인 정착민 모두 이 바이러스에 취약함에도 불구하고 스페인 식민지 정부의 차별로 인해 원주민들이 불균형적으로 목숨을 잃는 광경을 목격한다. 결국 치료제는 개발되지 못하지만, 몇 년 동안 기승을 부린 '라 모나' 혹은 '봉제 인형 역병'은 어느 순간 사라진다. 더 이상 남아 있을 대의적 명분이 없음에도, 그레고리오는 멕시코에 남기로 결정한다. 두 번째 그레고리는 1980년대 로스앤젤레스에 살고 있는 작가와 동시대의 사람이지만 그 역시 미국 의료 시스템의 불균형과 에이즈(AIDS) 감염자들에 대한 편견을 목격한다. 산타 아나 의료 클리닉은 라틴계 미국인들이 거주하는 델리라는 구역(barrio)에 위치하고 있지만, 그는 근접성을 높이는 것만으로는 경제적, 사회적 약소층이 겪는 어려움을 해소시키는 데 어려움이 있다는 것을 깨닫는다. 이 연장선상에 있는 세 번째 그레고리가 살고 있는 가상의 도시 라멕스(Lamex)에서는 더욱 극명하게 상-중-하로 나누어진 주민들이 등급에 따라 차등으로 의료 혜택을 받는다. 하지만, 마지막 그레고리는 초월적인 어떤 힘에 의해 선조 그레고리들의 인생을 경험하고, 그렇게 얻은 지식을 바탕으로 미래에 심각한 환경오염으로 인해 발생한 치명적 바이러스의 치료제를 찾는 데 성공한다. 다만, 그 치료제는 하층으로 분류된 저소득층 라틴계 메스티소(mestizo)들이 가장 열악한 환경에서 생존하는 법을 몇 세대에 걸쳐 터득하며 생성한 혈액 속의 항체였기에, '성공'은 이미 존재하는 사회적 불균형을 더욱 가속화하는 결과를 낳는다. 소설의 결말은 결코 희망적으로 보이지는 않지만, 현재에 과거와 미래가 공존하는 평행적 시간관을 보여주며 작가는 과거를 지우려 하는 제국주의의 손길이 닿지 않는 또 다른, 더 나은 미래가 있을 수 있다는 가능성을 남긴다.

【폐허가 된 지구와 우주에서 꿈을 꾸다】

점차 다양성을 추구하는 노력이 보임에도 불구하고 백인 중심의 SF 영화계에서 유색인종, 특히 여성과 아동들은 (1)여전히 백인/남성/이성애 중심의 사회에 활기를 불어주거나 (2)백인 구원주의(white saviorism)의 대상이 되는 역할에 국한되는 모습을 보여 왔다. 첫 번째 유형의 예로는 호주 좀비 아포칼립스 영화 ‹카고(*Cargo*)›에서 주인공 앤디 로즈의 안내자 역할을 하는 어보리진(Aborigine) 소녀 투미가, 두 번째 유형의 예로는 ‹칠드런 오브 맨(*Children of Men*)›에서 인류가 아이를 더 이상 낳지 못하게 되었을 때 기적적으로 임신한 흑인

난민 소녀 키, ‹설국열차(*Snowpiercer*)›의 한국인 소녀 요나와 흑인 소년 티미가 있다. 멕시코의 알폰소 쿠아론 감독과 한국의 봉준호 감독이 메가폰을 잡았을 때도 미래를 책임질 다음세대를 구원하는 역할은 각각 백인 남성인 테오 페론(클라이브 오웬 扮)과 커티스 에버렛(크리스 에반스 扮)이 맡았다. 이런 구조에서 원주민과 유색인종들은 에이버리 고든(Avery Gordon)이 『유령 같은 물질들(*Ghostly Matters*)』[8]에서 제시한 복잡한 인간성(complex personhood)를 가지기 어렵다. 다르게 말하면, 선 또는 악으로 규정되지 않고 선과 악이 공존하는 인간이 될 자유야말로 객체에서 주체로 거듭나는 과정의 핵심이라는 것이다.

최근 몇 년간 미국 청소년문학계에서는 코린 뒤비스(Corinne Duyvis)가 만든 #OwnVoices(우리들의 목소리들)나 엘렌오(Ellen Oh)와 말린다 로(Malinda Lo)가 시작한 #WeeNeedDiverseBooks(우리에겐 다양한 책들이 필요하다) 등의 해시태그 운동으로 인해 주류에서 벗어난 이들의 시각을 중심에 놓은 작품들이 쏟아져 나오기 시작했다. 여기서 이 모든 작품들을 다룰 수는 없지만, 한 가지 주목할 공통점은 많은 작가들이 부정적 고정관념을 대적하기 위해 긍정적 고정관념들을 만들어 내기보다는 복잡한 인간성을 가진 주인공들을 내세우는 것을 택하고 있다는 점이다. 푸에르토리코계 작가인 릴리암 리베라(Liliam Rivera)의 『꿈을 거래하는 자들(*Dealing in Dreams*)』에서는 아프로 라틴계의 소녀 날라가 황폐해진 지구에서 살아남기 위해 갱단의 리더가 되기도 하고, 필리핀계 작가인 모라 밀란(Maura Milan)의 『별들의 불을 켜라(*Ignite the Stars*)』 2부작에서 아시안계 주인공인 이아는 우주 최고의 지명수배자가 되기도 한다. 본인의 운명의 주체가 된 소녀들은 가상의 지구와 우주에도 존재하는 제국주의(들)에 부딪히며 맞서 싸우기 위해 성장해 나아갈 자유를 얻는다. 그들이 항상 그 싸움을 승리로 이끄는 영웅이 되지 못하더라도 말이다.

---

8 Gordon, Avery. *Ghostly Matters: Haunting and the Sociological Imagination*. University of Minnesota Press, 2004.

아시안 퓨처리즘과 라티노/라티나 퓨처리즘을 미 문학 작품들을 통해 간략히 소개하고자 한 이 글을, 마지막 질문을 던지며 끝맺으려 한다. 시간적 공간적 방향성의 차이를 포용하는 모두를 위한 퓨처리즘은 존재할 수 있을까? 최근 이민 1.5, 2세 미국인 작가들의 시간 여행 소설에 관한 글을 쓰던 순간에 본 한국 SF ‹시지프스›에 등장한 단속국이라는 조직을 보며 든 생각이다. 단속국은 핵전쟁으로 폐허가 된 미래의 한국에서 생존을 위해 혹은 생이별한 가족과 재회하기 위해 과거로 시간 여행을 한 자들을 '불법 체류자'라는 명목 하에 제거하는 역할을 하지만, 드라마 속에서 합법과 불법의 차이는 사실상 무의미하다. 다만 시간 여행을 이민에 비유했다는 점에서 한국 SF와 코리안/아시안 디아스포라 SF가 앞으로 어떤 영향을 주고받으며 변화해 갈지에 대한 궁금증이 생겼다. 분명 태평양 반대쪽 다른 위치에서 바라보고 있지만, 그 차이로 인해 더 포용적인 미래들을 그려 나갈 수 있기를 바란다.

박희주

◈ Asian American 문학과 U.S. Latino/a/x 문학의 비교를 통한 이주, 경계, 디아스포라 형성 등에 관한 연구를 하며 최근에는 동양계와 라틴계 미국인 작가들의 사변적 문학에 나타난 이동성 정치에 관한 논문을 쓰고 있다 ◈ 미 캘리포니아 대학교 리버사이드 캠퍼스에서 영문학 박사과정을 수료했다

K-정치좀비물의 기원을 찾아서

순종의 열망과 잡종의 변이 혁명

이원진

"이때 이름도 모를 괴질이 서쪽 변방에서 발생하여 도성에 번지고 여러 도에 만연했다. 이 병에 걸린 사람들은 심하게 설사하고 이어 오한이 발생하는데, 발에서 뱃속으로 치밀어 들어 10명 중 한두 사람도 살지 못하였다. 이 병은 집집마다 전염되어 불똥 튀는 것보다 더 빨리 유행되었는데, 옛날의 처방에도 없어 의원들이 증세를 알 수 없었다. … (병에 걸린) 관료나 백성은 그 수를 헤아릴 수 없이 많아 서울과 지방의 사망자까지 합하면 모두 수십만여 명이나 되었다. 금년 여름과 가을 사이에 이 병이 또 발생하였고 팔도도 모두 이와 같았다. **이 병은 요주(遼州)와 계주(薊州) 지방(만주) 에서 번져 들어와서 온 나라에 퍼졌다고 한다.**"

(『순조실록』24권, 21년(1821) 8월 22일)

【한국 역사 속의 괴물 이야기】

전 세계에 K-좀비 돌풍을 일으킨 '킹덤' 시리즈의 스페셜 에피소드 ‹킹덤: 아신전›이 지난 7월 23일 넷플릭스에서 92분짜리로 공개됐다. 배우 전지현의 등장이자, 조선을 뒤덮은 거대한 비극의 시작인 '생사초'와 '아신'의 이야기를 담은 ‹킹덤›(2019~2020)의 프리퀄(원작의 이전 이야기를 담은 후속작) 격 작품이라 많은 기대를 모았다. 그런데 그 단서가 바로 위에 인용한 순조실록의 마지막 문장에 있다. 인용문은 김은희 작가가 K-좀비 드라마를 구상한 계기가 됐다고 알려진 『순조실록』의 괴질 기사다. 외부(만주)에서 괴질이 번져 들어온 시초는 왜 어떻게 발생했을까? 이번 ‹아신전›에서 생사초의 기원은 멀리멀리 여진족이 거주했던 북방까지로 확대된다. 이처럼 『조선왕조실록』은 다만 괴질이 아니라 실제 괴물도 꽤 기록하고 있어서 오늘날 다양한 판타지 작품에 영감을 제공하는 원천이 되고 있다.

조선 괴물의 또 다른 예는 영화 ‹물괴›(2018)의 소재로 더 유명해졌고, 중종을 시름에 잠기게 한 '수괴(獸怪)'다. 『조선왕조실록』에 '물괴'라는 말은 총 159번이 나오는데, '나쁜 일이 일어날 징조'라는 뜻이다. 그중 특히 『중종실록』13권, 중종 6년(1511)에 궁궐 한복판에 나타나 조정을 발칵 뒤집은 실제 물괴에 대한 기록이 나온다. 개처럼 생겼고 말처럼 컸다고 하는데, 정현왕후가 무서워해 거처를 옮기면서 소문이 퍼졌다. 뒤이어 실록의 논평에서는 이를 '금야유수괴(今夜有獸怪)', 즉 수괴라고 불렀다. 작가 곽재식은 『괴물, 조선의 또 다른 풍경』(2021)에서 이 대목에 대해 "1511년 수괴가 처음 등장하기 며칠 전 기록을 보면 궁궐 근처 민가들에서 큰불이 났다고 쓰여 있다. 이때 백성의 절망은 뒷전이고 권력을 둘러싼 아귀다툼을 벌이느라 정신없던 높으신 분들의 눈에 불을 피해 궁궐로 들어온 떠돌이 개가 괴물처럼 보인 것이라면?"라고 분석한다.

이처럼 괴물 이야기는 한국 역사 곳곳에서 옛사람들이 세상을 어떻게 이해했는지에 대한 실마리를 품고 있는 백성의 서사로 쓰였다. 곽재식 작가는 "백성들은 세상을 이해하기 위해 괴물을 믿었고 그 믿음이 강할수록 괴물이 백성의 삶의 큰 영향을 미쳤다. 그러므로 괴물 이야기는 백성의 처지에서 조선을 바라보게 한다"고 썼다. 또 "소문으로 떠돈 괴물 이야기는 임금과 대신을 중심으로 기록된 역사지만, 영웅을 찬양하는 서사시가 담지 못한 평범한 사람들의 삶을 품고 있다"며 "사람 아닌 존재, 즉 괴물이 품고 있으며 괴물 이야기는 백성의 삶의 현장에서 겪고 느낀 일이므로 매우 입체적이다"고도 했다.

실제로 이런 괴물의 내용을 바탕으로 영화 ‹장산범›(2017), ‹물괴›(2018), ‹창궐›(2018)을 거쳐 드라마 ‹킹덤›(2019)까지 상상력은 계속해서 확대되고 있다. 괴물론이야말로 권력은 누구를 위해 어떻게 쓰여야 하는지에 대한 백성의 바람을 담아내고 있기 때문에 작가들을 유혹하는 것이다.

【판타지 드라마, 괴물(怪物)과 이물(異物) 사이】

오늘날 판타지 드라마에서도 괴물론은 더욱 두드러진다. 최근 10여년 사이의 드라마의 경향성을 보면 유독 괴물 또는 이물(異物) 사이의 소통이 눈에 띈다. (이원진, 「코로나 시대에 되살아난 '사물物 : 것'의 공공성」, 2021 참조.) 그리고 이승과 저승을 오가는 설정의 드라마가 많이 나타난다. ‹별에서 온 그대›(2016)의 외계인 도민준, ‹도깨비›(2017)의 도깨비 김신, ‹호텔 델루나›(2018)의 주인 장만월, ‹쌍갑포차›(2020)의 주인 월주, ‹경이로운 소문›(2020)의 카운터 소문 등 인기 드라마의 주인공은 모두 이승과 저승을 오고 가며 생사를 초월해 있다는 점에서, 맥을 같이 한다. (쌍갑포차에서는 이승과 저승에 더해 심지어 '그승'까지 나온다.) 이를 단순히 현대 사회가 요구하는 도피성 판타지 요소라고 보기보다는 '이승과 저승의 소통'이란 세계관을 담은 샤머니즘적 특성(예를 들어 '바리데기 신화'의 황천강)을 담고 있다고 봐야 한다. 샤머니즘적 특성으로 이들은 백성의 한을 푸는 정치적 의식을 행한다고 보면 어떨까. 먼저 드라마에 주인공으로 나타나는 캐릭터 이물(異物)은 특히 신과 인간 세계를 이어주는 역할을 톡톡히 하는데, '접신(接神)'이나 '접물(接物)' 등 촉각성을 통해 두 세계를 왔다 갔다 한다. '경이로운 소문'에서 카운터들은 사람들과 몸이 닿기만 해도 과거의 기억을 읽을 수도 지울 수도 있다. ‹철인왕후›나 ‹보보경심(달의 연인)›, ‹푸른 바다의 전설› 등도 현대와 과거를 오고 가는 설정이며 접촉, 즉 몸 속을 통해 영혼이 섞인다. 넷플릭스에서 방영하는 미국 드라마 ‹더 굿 플레이스› 역시 천국(굿플레이스)과 지옥(배드 플레이스)을 오고 가지만 그 매개자로서의 이물은 등장하지 않으며 따라서 정치적 특성 역시 갖고 있지 않은 것과는 차별화된다.

둘째, 샤머니즘적 특성으로 '단골'도 들 수 있다. 옛날부터 무당 중에서도 세습무를 '당(단)골' 또는 '당(단)골래'라고 불렀고, 이는 단군과 고을의 합성어, 즉 단군님이 고을마다 백성을 위해 애쓰셨다는 어원도 갖고 있다. 치병, 제사, 각종 행사의 주례를 도맡아 했던 무당은 늘 찾아오는 손님과의 끈끈한 사이를 유지하며 그들의 몸과 마음을 달래주는 수호천사 같은 역할을 해 왔던 것이다. 드라마 ‹쌍갑포차›는 단골로 오는 손님에게 '갑(甲)이승'을 주며 꿈의 세계인 '그승'으로 유도하여 한을 풀어준다. ‹도깨비›에서 도깨비 신부에게는 단골로 찾아오는 귀신들의 해원을 통해 그들이 영혼이 이승을 떠나가게 도와준다. ‹호텔 델루나›는 아예 현대사회에서 소외된 모든 이를 호텔 투숙객이자 단골로 설정한다. 신과 인간의 사이 존재인 이들은 두 세계의 질서를 모두 꿰뚫고 생사를 관장하며 백성의 마음을 달래준다. 이런 설정은 최근 윤여경의 SF 소설 「소셜무당지수」(『일곱 번째 달, 일곱 번째 밤』(2021) 수록)에서도 나타나는데, 여기엔 SNS를 통해 돈을 많이 벌고 싶어 하는 나이 많은 무당, 또 뇌의 칩을 통해 단골들의 마음을 달래주는 디지털 세대의 젊은 무당을 주인공으로 등장시켰다. 디지털의 '디짓(digit)'이 원래 손가락이라는 점을 생각하면 접촉을 통해 사람들을 달래주는 무당과 디지털의 궁합은 너무 잘 맞아떨어진다.

【김은희의 판타지, 짙은 정치성과 혁명성】

그러나 그 모든 생사를 오가는 샤머니즘적 판타지 설정 중에서도 김은희 작가의 작품은 특히 정치성과 혁명성이 짙다. 실제로 ‹싸인›, ‹시그널› 등을 통해 사회고발성 드라마인 '크리미널 드라마'를 개척해 온 그는 최근 좀비아포칼립스+크리미널+시대극을 합친 좀비물인 ‹킹덤›을 내놓기까지 끊임없는 장르 간 교배를 지속해 왔다. 절친 김은숙 작가에게 "좋은 풍경 아래서 키스를 왜 시켜, 불을 질러야지~"라고 말하며 자신이 로맨스보다는 정치성 짙은 작품의 작가임을 오롯이 공언하기도 했다. 똑같이 인육을 먹는 좀비(언데드) 얘기가 나오지만 넷플릭스 오리지널 드라마인 ‹산타클라리사 다이어트›와 비교하면 ‹킹덤›이 조준하는 곳이 어디이며, 혁명성이 어디에 있는지는 더 잘 드러난다. ‹킹덤›은 도대체 왜 인기일까? 아래에서는 백성을 달래주고, 단골 백성과 접촉하려는 좀비 장르물로서의 킹덤의 3가지 요소를 하나하나 분석하면서 살펴보고 싶다. 좀비물은 언제나 당대의 정치적 이데올로기를 담은 정치물이며 넷플릭스를 만나기 전 김은희 작가는 이 정치좀비물을 하고 싶어서 만화가 양경일과 함께 웹툰 ‹신의 나라›(2015)를 만들기도 하면서 절차탁마했기 때문이다. 또 아래의 분석에는 프랑스 철학자 '들뢰즈'의 이론들이 조금씩 등장할 텐데, 그것은 다름 아니라 들뢰즈가 바로 '괴물론'을 정치적, 철학적으로 전개했기 때문이다. 그래서 그의 괴물론을 함께 경유할 경우 모두 존재의 차이를 통해 존재의 등위를 나누는 이분법을 해체하고 평등적 관점을 논하고자 했던 동학의 혁명성이 더 잘 두드러질 수 있는 여지를 발견할 수 있다. 그럼 시작해보자.

‹킹덤›을 정치좀비물로 읽는 첫 번째 관점은 좀비를 들뢰즈의 '기관 없는 신체'로 비유해 보는 것이다. 머리에 촌충이 기어올라감으로 해서, 또는 생사초의 촌충이 알을 사람의 머리 안에 낳음으로 해서 좀비가 된다는 설정은 서양의 여타 좀비물에 비해 특이하나, 좀비의 머리를 베어야 한다는 기본 설정은 변함 없다. 그런데 좀비의 머리를 베어야 한다는 설정 자체가 사람의 머리에 대한 자괴감을 깔고 있다. 머리가 베어졌을 때 사람은 동물(좀비)이 '된-다'. 좀비의 형상성은 얼굴에 있는 것이 아니고, 오히려 좀비는 얼굴이 없다. 들뢰즈의 '기관 없는 신체'처럼.

"조선시대 사람들은 신체 훼손이 불가능한 유교적인 가치관을 갖고 있었어요. 잔인한 것은 좋아하지 않지만 좀비물이라 신체 절단이 불가능하다고 생각했고, 이 외의 각종 이유로 한국에서 드라마로 제작되기는 어려울 거라고 생각했던 것이고요. 넷플릭스와 문화적인 차이에 대한 논의를 충분히 마친 뒤에는 아무런 제약 없이 그저 저다운 이야기로 완성했어요." (매일경제, 2019년 2월18일, "'킹덤' 김은희 작가 인터뷰")

그런데 유독 ‹킹덤›에서 들뢰즈의 '기관 없는 신체'를 떠올렸던 이유는 '신체는 부모에게 받은 것이라 훼손하지 않아야 한다'는 유교적 가치관을 뒤엎는 설정을 통해 좀비의 신체성에 집중하기 때문이다. 이는 조선시대에는 해부는 하지 않고, 시체의 외표소견만 관찰하는 검안(檢案)만으로 검시(檢屍)를 대체 시행한 역사와도 관련이 깊다. (곽정식, 「조선시대 검시의 과학성」, 대한수사학회지, 2006 참고) 조선은 『검시장식(檢屍狀式)』을 간행해, 시체가 있는 현장에서 검증을 행한 후 법의적 재판을 하게 했다. 특히 영정조에는 『증수무원록(增修無冤錄)』과 『증수무원록대전(增修無冤錄大全)』이라는 두 권의 검시서를 간행했는데 '무원(無冤)'이라는 말에서 드러나듯, 원통함이나 한을 없애는 측면에서 실정에 맞는 객관적 관찰에 기초했기에, 근대 법의학에 비해 손색이 없을 정도로 선진적이라는 평가를 받기는 하지만, 신체를 훼손하는 방식에는 여전히 엄격했다. 여전히 풀리지 않은 조선 백성의 원통함을 풀기 위해 김은희 작가는 더욱 나아간다.

【'먹는 것'으로부터 출발하는 '좀비 되기'】

좀비물로서 ‹킹덤›에서 가장 획기적인 설정은 권력 서열 1위의 왕을 좀비 1호로 만들었다는 점인데, 시즌 2 마지막 회(6화)의 마지막 장면은 왕의 침전을 비추며 잠들어 있는 어린 왕(원자)의 팔에 난 흉터에서 촌충이 기어 나와 피부 밑을 통과해 머리 쪽으로 움직여 들어가는 것으로 끝난다. 원자도 좀비로 바뀔 가능성을 시사하는 것이다. 왕의 좀비 되기는 '되기'와 연결된다. 우리는 되기의 욕구를 좀비의 안간힘에서 볼 수 있다. 좀비에게 물린 사람은 심하게 비명을 지르다가 온몸이 마구 뒤틀리는 신체의 변형을 겪게 된다. 좀비는 죽은 살이 아니다. 그렇기에 살아 있는 살이 가진 모든 발작적 고통과 치명적인 색깔 또한 지닌다. 우리는 모두 고기이고, 잠재적 좀비다. 들뢰즈는 영국화가 베이컨(Francis Bacon, 1902~1992)에 대한 철학을 기술한 『감각의 논리』에서 베이컨이 자신의 작품을 "짐승에 대한 연민"이라고 하지 않고 차라리 "고통 받는 모든 인간은 고기다"라고 말한 점에 주목한다. "정육점에 가면 나는 항상 저기 동물의 자리에 내가 없음을 보고 놀랍니다."(화가 베이컨의 인터뷰, 박정자, 『눈과 손 그리고 햅틱』, 2015에서 인용) 베이컨은 인간의 머리를 고기와 동일시(head-meat)하며 인간의 동물 되기를 논하고 있다. 머리가 베어진 좀비는 사람의 고기 되기에 성공한다.

이런 신체의 일원성, 즉 기관 없는 신체(body without organs)에 대한 킹덤 제작진의 생각은 감독의 인터뷰에서 더욱 분명해진다. 김성훈 감독은 «씨네 21»과의 인터뷰(2019)에서 "영장류가 가진 손의 기능이 모두 마비되고, 티라노사우루스의 앞발 정도의 느낌만 남게끔. 턱이 먼저 와서 잡는 게 더 무섭고, 본능만 남은 동물처럼 다가오게 했다."고 좀비크리쳐를 시각화했다. 배고픔만 남은 입이라는 형상으로 사람의 머리와 손의 기능을 전치시킨 것이며 손을 쓰지 않고 턱을 사용해서 무는 행위에만 집중해서 본능만 남은 동물처럼 그려내고자 한 것이다. 이를 통해 백성의 원통함을 잘 드러내려고 했다. 들뢰즈는 잔혹성을 특징으로 하는 아르또(Antonin Artaud, 1896~1948, 프랑스 잔혹연극의 창시자)를 빌려 유기체에 반하는 '기관 없는 신체' 이론을 만든 후 "입도 없다. 혀도 없다. 이도 없다. 목구멍도 없다. 식도도 없다. 위도 없다. 배도 없다. 항문도 없다. 나는 나라고 하는 인간을 재구성한다. 기관 없는 신체는 오로지 뼈와 피로만 되어 있다."고 했다. (들뢰즈, 이정우 역, 『의미의 논리』, 1999), 킹덤이 기관 없는 신체인 좀비 되기를 통해 머리를 배제하고 입을 강조하는 이유는 무엇일까. 킹덤을 사로잡고 있는 하나의 굳건한 철학은 세자 이창을 통해 두 번에 걸쳐 발설되는데, 그것은 바로 "나라는 백성을 근본을 삼고, 백성은 먹을 것을 하늘로 삼는다."는 것이다.

김은희 작가가 전체 메시지로 웅변하는 저 문장은 일견 『맹자』의 '무항산(無恒産) 무항심(無恒心)'이나 '애민(愛民) 사상'을 떠올리게 한다. 등나라 문공이 나라 다스리는 법에 대해 묻자 맹자는 "안정된 생업이 있는 백성은 항상한 마음을 가지나, 안정된 생산(생업)이 없는 자는 항상한 마음을 가지기 어렵다. 항상한 마음을 가지지 못하면 나쁜 짓을 그치지 못한다. 급기야 죄에 빠진 후에 형벌을 가한다면 이는 백성을 그물질하는 것인데 어찌 인(仁)한 자가 재위하여 백성을 그물질할 수 있을까?"라고 답한다. 시즌 1에서 영신은 동래 지율헌에서 사람들에게 인육탕을 먹이며 그것이 첫 번째가 아님을 내비친다. 의녀 서비가 "당신 미쳤어? 어떻게 사람이 사람을 먹어!"라고 하자 영신은 "그래서? 다 함께 굶어 죽자? 예의니 법도니 따져 가면서? 그딴 생각으로 살았다면, 동래성 사람들 벌써 다 굶어 죽었어. 저 아래 있는 사람들 나라님이 살렸을 것 같아? 그 사람들을 살린 건, 굶주리다가 죽은 이웃들의 살과 뼈야."라고 말한다. (이것은 나중에 반려(companion)의 어원인 되는 라틴어 cum panis, 즉 함께 식사하는 동료기도 하면서 서로에게 빵이 되어 준다는 의미로도 쓰일 수 있을까?) 그런데 더 직접적 인용은 해월 선생에게 따왔을 가능성이 농후하다. 해월 선생은 1892년 상주에서 이미 '밥이 한울이다'라는 '식즉천(食卽天)'을 강조했다. 또 1896년 음성 창곡에서 말한 '만사지(萬事知)는 식일완(食一碗)', 즉 '만사를 안다는 것은 밥 한 그릇을 먹는 이치를 아는 데 있다'로 이 개념을 확장한다. 밥 한 그릇은 천지부모(天地父母), 즉 한울님의 도움과 조화 속에서 이뤄지는 것이다. ‹킹덤›에서 백성 좀비 떼는 일정하게 먹고 살기를 원하는 백성이 기근 중에 모르고 인육을 먹는 행위부터 기원했다. 즉 ‹킹덤›은 백성을 근본으로 삼아야 할 나라가 도리어 그물질한 백성이 곤충(촌충)되기, 좀비 되기, 동물 되기를 통해 새로운 세상을 꿈꿀 수 있는 가능성을 제시한 것이다. 킹덤을 이루고 있는 세계관인 생사초, 촌충, 괴물은 모두 식물, 곤충, 동물의 야성을 근본으로 하고 있다. 머리에 심어진 촌충은 인간의 곤충되기, 괴물되기를 촉진한다. 들뢰즈의 이론을 따른다면 이들 '-되기'를 통해 모든 것은 연결된다. 그런 점에서 좀비는 백성과 위정자의 중간항으로서의 괴물이다.

【부활, 생명과 만물의 근원인 '물' 그리고 '정의'】

킹덤을 보는 두 번째 관점은 좀비의 '부활'이다. 킹덤의 설정 중 특이한 것은 좀비에 물린 사람도 감염이 퍼지기 전 물에 수장되면 깨끗이 부활한다는 것이다. 좀비에 물려 촌충이 몸에 남아 있으면 언제라도 살점을 먹을 시 그 전염성이 생길 수 있다. 그러나 물에 담그면 그 촌충이 버티지 못하고 밖으로 빠져나온다. (영화 ‹연가시›도 이와 비슷한 설정이 있으나, 물을 부활의 소재로 쓰지는 않았다). 이로써 킹덤은 물은 모든 것의 근원이라는 생각을 전달하고 있는 것은 아닐까? 의녀 서비는 안현대감에게 물린 조학주 대감을 찬물에 담가 살려내고, 세자 이창을 비롯한 어영대장 치록과 영신, 그리고 조범팔 포함 주요 인원들은 괴물에게 물렸는데도 호수에 빠져 살아난다. 지하의 물로 깊이 수장됐을 때 다시 살아날 수 있다는 것은 물로서 생명의 근원을 상징한다는 설정이다. 동학 경전도 물을 근본으로 말한다. 『해월신사법설』 중 ‹천지이기(天地理氣)› 편에는 "천지는 한 물덩어리"라는 구절이 있다.

> "한울과 땅이 시판되기 전 북극태음 한 물일 뿐이니라. 물은 만물의 근원이니라. 물에는 음수(형상이 없는)와 양수(형상이 있는)가 있느니라. 음수 속에 사는 것이 고기가 양수 속에서 사는 것과 같으니라. 사람은 음수를 보지 못하고 고기는 양수를 보지 못하니라. 크게 깨달아서 확실히 통한 후에야 현묘한 이치를 능히 알 수 있느니라."

물이 근원이기에 수운 선생은 '청수 한 그릇'의 기도를 믿었다. 나아가 "물은 그 성질이 맑고 그 본질이 움직이는 것이며 또한 없는 곳이 없어 가히 만물의 근원이라 이를지니 내 이로써 각종 의식의 표준을 정하니라" 하였다. (라명재, 『천도교경전 공부하기』, 모시는 사람들, 2017에서 인용) 해월 선생 역시 같은 믿음에서 모든 제사음식을 '청수 한 그릇'으로 일원화해 대신하기도 했다.

지구상의 생명은 그 기원이 바다다. 하늘에서 땅 속까지, 육지 구석구석 안 가는 곳이 없이 다 가면서도 다투지 않는 것이 물이다. 주역에서도 물은 북극이며, 원형이정(元亨利貞) 중 마지막으로 돌아가는 곳이자 다시 새로운 출발하는 시작점이다. 이 물을 등장시키기 위해 ‹킹덤›이 설정한 장소는 창덕궁 후원이다. 궁궐 뜰과 호수의 아름다운 자연경관이, 중전과 백성이 모두 변한 좀비 떼와 세자 이창 일행이 벌이는 최후의 피의 결전이 펼쳐지는 잔혹함과 대비되면서 해외에서도 '기묘한 아름다움'을 자아낸다는 탄성을 불러일으켰다. 시즌 2에서는 특히 한국의 건축미가 특히 돋보이는데, 창덕궁과 창경궁을 부감으로 그린 '동궐도(東闕圖)'를 인상 깊게 본 김은희 작가는 좀비를 지붕 위로 유인해 추격전을 벌이는 방식을 택했다고 전해진다. 또 김성훈 감독은 «씨네 21»과의 인터뷰에서 "조선의 궁궐에서는 아마 살상을 해도 품격 있게 했을 것이고, 그게 더 잔인할 수 있다. 그러니 이들이 살상하고 시신을 숨기는 행위는 가장 아름다운 공간에서 이루어질 수 있겠다 싶었다. 그래서 의도적으로 궁에서 가장 예쁜 공간을 찾았고, 드라마 배경은 설정상 창덕궁 후원이었다"고 말한다. 생명과 만물의 기원으로서의 물을 형상화하는 신(scene)에 대한 집착이어서였을까? 다른 사극 드라마가 모두 세트장을 활용한 것과 달리, 킹덤은 문화재청을 오래 설득해 제한된 인원이나마 직접 창덕궁 안에서 촬영을 할 수 있었다.

완전한 부활은 아니지만, 괴물이 된 이후에 나타나는 의식적 좀비로서의 역할을 처음 선보였던 '안현대감의 괴물 되기'도 논할 필요가 있다. 킹덤에는 두 번의 강한 '항변'과 마지못해 따르는 딜레마의 상황이 나온다. 하나는 앞서 살폈던, 영신이 인육을 먹여서라도 살리고 봐야 한다고 말하는 장면이다.

다른 하나는 세도가문 해원 조씨의 대표이자 영의정인 조학주 대감이 안현대감에게 '수망촌(나병 환자촌)'을 이용해서라도 왜란을 극복해 종묘사직을 지켜 더 큰 희생을 막고 상주의 백성을 지켜내야 한다고 말하는 장면이다. 각각 의녀 서비는 영신에게, 안현대감은 자신을 설득하는 조학주 대감에게 처음에는 항변하나 나중에는 어쩔 수 없이 따른다. 결국 생사초를 이용한 침술로, 수망촌의 환자들은 역병 환자(좀비)로 만들어버리고, 그들은 조선인들이 모두 떠난 자리에 몰려온 왜군들을 공격하며 몰아낸다. 하지만 그후 안현대감은 3년간 죄책감에 시달리며, 폐허가 된 수망촌에서 좀비로 변해 죽은 백성의 머리를 주워들며, "너희의 노고를 잊지 않으마"고 약속한다. 안현대감은 세자 이창에게 궁 안에서 세자를 돌봐줄 이는 아무도 없으니 스스로 지켜야 한다면서 "세자가 살아남는 것은 세자 혼자만의 목숨을 구하는 것이 아니고 불의와 싸우는 것"이라 일러주는 등 나라의 정의를 대표하는 인물이다. 사즉생, 생즉사의 정신으로 정도(正道)를 무장한 안현대감은 조학주의 뜻을 묵인했던 예전의 실수를 회복하고 수망촌의 원한을 갚기 위해 죽은 후 유언을 통해 좀비로 나타나 조학주를 물어뜯는다. 이는 인육을 물어뜯는 좀비도 자의식을 가지고 부활할 수 있다는 또 다른 가능성을 보여준다. 결국 영신과 안현대감 그리고 서비는 세자 이창을 따름으로써 밥 한 톨 생기지 않는 권력층의 놀음을 그만두게 하고, 다른 세상을 만들어보려는 의지에 동참하게 된다.

【핏줄의 이분법을 넘어 피를 나누는 하나의 세계로】

이렇게 해서 마지막 세 번째 관점으로 이동한다. 김은희 작가는 시즌 1이 '배고픔'에 대한 얘기라면 시즌 2는 '피'에 대한 얘기라고 말한다.[i] 유독 피라면

i 서울경제, 김은희, "'킹덤2' 피의 이야기...결국 권력의 허망함", https://www.sedaily.com/

사족을 못 쓰고 달려드는 좀비들 위에서 핏줄을 두고 다투는 세도정치의 허무함, 그리고 수많은 사람들의 피를 밟고 지나가며 나라란 무엇인가를 묻고 싶었다는 것이다. "피에는 붉은 피 외에 핏줄, 혈통 같은 이야기도 포함된다. 피를 탐하는 생사역(좀비)과 핏줄과 혈통을 탐하는 인간들의 두 가지 상반된 세계를 보여주고 싶었다."(한겨레, "'백성 위한 정치' 묻는, 이런 좀비를 봤나", 2021.03.23)

김은희 작가의 말을 모티브로 좀 더 분석해 보면 피는 실로 여러 중의적 표현으로 쓰인다. 피는 일단 ‹킹덤›을 구성하는 모든 인물들을 양갈래로 갈라놓을 수 있는 가늠자가 된다. 먼저 왕족의 적자/서자다. 세자 이창은 서자라는 결핍을 갖고 있으며, 그 때문에 늘 정통성에 대해 불안해한다. 조학주 대감과 그의 딸 중전은 '해원조씨'라는 세도가문을 대표하며, 적자를 낳아 비세도 가문을 몰아내려고 하면서 이창과 대적한다. 그런가 하면 이번 '아신전'에서는 성저야인으로 대표되는, 조선에 동화되지 못한 여진족 이방인이 느낄 조선인과의 피의 위계화된 구별을 다룬다. 이 외에도 양반/천민이나, 나병환자가 있는 수망촌으로 대표되는 정상/장애의 양극단으로 구별 짓기에 늘 피가 사용된다. 하지만 좀비가 되면 모두가 피를 흘리고 쓰러지며 인육을 탐하는 본능만 남은 동물로 변한다. 이렇게 볼 때 "좀비가 되고서야 비로소 양반과 상놈의 구분 없이 평등해진다는 신분제의 역설을 통해 식탐밖에 남지 않은 좀비가 보여주는 조선이라는 사회의 불합리성과 시대적인 아픔을 담고자 했다"는 작가의 의도가 보다 분명해진다.

백성과 민초의 피에 대한 배고픔은 1차적 욕망이고, 권력층의 피에 대한 탐욕은 2차적 욕망이다. 그런데 2차적 배고픔이 1차적 배고픔을 집어 삼켰다. 백성과 민초 중에서도 가장 피폐한 계층인 수망촌, 그리고 아신전에서는 성저야인인 여진족이 바로 가장 탄압받는 계층이었다. 그들은 인육(살과 피)을 탐하지도 않았지만 그저 자신의 피를 고집하는 편협한 광기의 정치세력에 의해 일

NewsView/1Z0B7DXSD5, 2020.03.23

방적으로 몰살당했다. 그리고 그들의 살육은 합당한 대가를 받는다. 수망촌의 주민들을 대신해서는 안현대감이 복수를, 성저야인을 대표해서는 아신이 복수를 한다.

그런 점에서 시즌 2 창덕궁에서의 최후의 시험이 끝난 뒤 세자 이창이 입고 있는 피로 붉게 물든 상복은 드라마의 시작 장면에서 보여준 왕의 곤룡포를 떠올리게 한다. 백성들을 위해 험난한 여정을 겪고 피로 그들을 응징한 세자 이창은 비록 거친 원단의 붉은 피로 물든 상복을 입고 있지만, 진정한 왕으로서 거듭났음을 역설적으로 상징하는 것이다.

특히 들뢰즈가 『천개의 고원』 '동물 되기'(10장)에서 논한 대로 좀비는 우글거리는 집단성이 핵심이다. 조선의 척추라 불리는 민족의 상징 '문경새재'나 성문에 들이닥치는 백성 좀비 떼는 굶주림을 넘어 자유라는 피에 굶주린 생명체다. 이는 영화 ‹월드워 Z›의 명장면으로 꼽히는 씬, 즉 좀비들이 스스로 사다리를 만들어 예루살렘을 둘러싼 거대한 성벽을 뛰어넘으며 완벽하게 하나의 덩어리가 되는 장면과 오버랩된다. 괴물이 된 백성들이 남의 '피'를 탐내는 것은 1차적 배고픔이 만들어낸 광기다. 그 피의 광기는 우글거림의 동물 되기를 통해 거대한 집단성을 만들고 결국 권력층을 향한다. 피의 순수성을 지키려고 했던 권력층을 향한 '잡종'의 이유있는 훼방이다.

동물이 된 기관 없는 신체의 백성 좀비 떼는 잡종이다. 좀비가 된 중전도 잡종이다. 순수와 잡종의 싸움은 조선에서 종묘사직을 두고서 계속됐다. 순수에 대한 지독한 열망 역시 열망이다. 그러나 좌표가 잘못 설정된 순수는 잡것(천 것)의 변이를 스스로 가져온다. 조학주 대감이 자신의 가문이 왕위를 이을 시간을 벌고자, 감히 조선의 왕에게 역병의 시원이 될 생사초를 투여할 때 벌써 그 변이의 씨앗을 스스로 뿌린 것이다. 자신의 순수성은 그 변이에 공격받지 않을 것처럼 착각했던 것이다. 그리고 조학주 대감은 자신이 그토록 믿던 '순수' 가문의 딸 중전에게 처참한 죽음을 당한다. 추구하는 순수성이 고도화될수록, 잡종의 몸부림이자 변이인 괴물은 더욱 극성스럽다. 마치 바이러스는 끊임없이 변이하고 더욱 강력해지듯이. 극성스런 잡종 코로나 바이러스가 2000명이 넘는 확진자를 만들어내며(21.08.24현재) 침체국면을 벗어나지 못하는 2021년 여름의 현실은 우리가 어떤 순수를 추구해야 하는지 '아신전'을 통해 묻고 있다.

다시 처음으로 돌아가서, 외부(만주)에서 괴질이 번져 들어온 시초는 왜 어떻게 발생했을까? 아신전을 통해 김은희 작가는 '소외된 자들의 한'이 만들어 냈음을 말하고 싶었다고 했다.

사람은 한울님이니라
노비도 농사군도 천민도
사람은 한울님이니라

우리는 마음속에 한울님을 모시고 사니라
우리의 내부에 한울님이 살아 계시니라
우리의 밖에 있을 때 한울님은 바람,
우리는 각자 스스로 한울님을 깨달을 뿐,

아무에게도 옮기지 못하니라
모든 중생이여, 한울님 섬기듯 이웃
사람을 섬길지니라.

(신동엽, 금강, 1985, 윤석산, 「문학에 나타난 동학」, 종교연구, 1991에서 재인용)

이원진

◈ 우리 주변에서 생기는 모든 일에는 나름의 이유가 있다고 믿으며 특히 한국 전반 문화현상을 동서철학 코드로 이리저리 분석하는 것을 즐긴다 ◈ 호기심을 풀어줄 코드를 담은 듯한 모든 책엔 좀비가 피를 찾듯 달려드는 무모함이 장점 ◈ 가장 좋고 귀한 것을 찾을 때까지 지치지 않는 한국의 순종 코드와 전 세계의 핫한 것을 모두 흡수하고픈 한국의 잡종 코드가 갖는 파괴력의 끝이 항상 궁금하다

동학·천도교의 생명미래주의biofuturism

최시형의 향아설위와 김기전의 어린이론을 중심으로

조성환

나는 예전부터 천도교의 어린이운동에 대해 궁금한 점이 하나 있었다. 그것은 "왜 하필 '천도교'에서 어린이운동을 하였는가?"라는 것이다. 물론 가장 쉬운 대답은 천도교가 "사람이 하늘이다"라는 '인내천' 사상을 가지고 있었기 때문에, 또는 서양의 인권사상의 영향을 받아서, 혹은 둘 다의 이유에서, 라는 식으로 대답할 수 있을 것이다. 그러나 뭔가 개운하지 않은 느낌이 든다. 분명 이에 대한 철학적 해답이 있을 것이다. 그렇다면 그것은 무엇일까?

【천도교청년회의 신문화운동】

이 물음에 대한 해답의 열쇠를 쥔 인물로 김기전이 있다. 김기전(1894~1948)은 호가 '소춘(小春)'으로, 보통 '소춘 김기전'으로 알려져 있다. 동학농민혁명이 일어난 1894년에 평안북도 구성(龜城)에서 태어나서 평생을 천도교인으로서, 독립운동가로서 살다간 인물이다. 평안북도 구성에 동학이 전파된 것은 1898년 봄의 일로, 부친 김정삼은 이듬해인 1899년에 동학에 입도하여 대접주로 활동하였다. 부친의 영향으로 차남 김기전도 그의 나이 16세인 1909년에 천도교에 입교하였다(동학은 1905년에 천도교로 개칭하였다). 1913년에는 천도교가 경영하던 보성전문학교 법과에 진학하였고, 졸업 후에 «매일신보» 기자로 활동하다 1920년에 천도교청년회에서 『개벽』을 창간하자 주필을 역임하였다. 그로 인해 종로경찰서를 제집 드나들 듯 불려 다녔다고 한다.

그런데 김기전이 『개벽』 발간 외에 주로 참여한 사회운동은 여성운동과 어린이운동이었다. 여성학을 연구하는 김경애 전 동덕여대 교수는 2010년에 쓴 「근대 남성 지식인 소춘 김기전의 여성해방론」(『여성과 역사』 12호)이라는 논문에서 김기전을 "1920~1930년대의 남성 지식인으로서 가장 앞장서서 여성해방론을 전개하였던 선구자"라고 자리매김하였다. 2016년에 «여성신문»에 쓴 「어린이날 제정 앞장선 『개벽』 주필 김기전은 근대의 대표적 '히포시'」(04.28)에서는 "여성해방운동을 주장한 근대의 대표적인 남성 페미니스트"라고 평가하였다. 김경애에 의하면 김기전은 조선시대의 어린이와 여성에 대한 억압을 다음과 같이 비판하였다고 한다.

> 조선 사회가 유교의 장유유서의 폐단에 젖어 어린이를 억압하며, 특히 부모가 딸에게 "저 따위 년은 더러 죽어도 좋으련만"이란 말을 일상적으로 쓰면서 딸을 쓸모없는 자식으로 차별하고 천대하며, 자신의 영달을 위해 딸의 혼사를 마음대로 정하고 혼인을 강요한다.

여기에서 김기전은 여성, 그중에서도 특히 '어린이' 여성의 인권이 보호받지 못했던 조선사회를 비판하고 있다. 이로부터 김기전이 어린이의 인권에 관심이 많았음을 알 수 있다. 이러한 사실은 2010년에 나온 『소춘 김기전선생 문집』에 실린 글에서도 확인할 수 있다. 이 문집은 총 3권으로 이루어져 있는데, 제2권에는 「어린이」라는 제목의 독립된 장(章)이 마련되어 있다. 맨 서두에 잡지 『어린이』에 대한 설명이 나오고, 이어서 『어린이』에 실렸던 김기전의 글 11편이 실려 있다. 먼저 서두에 나오는 『어린이』 소개글을 인용하면 다음과 같다.

> 1923년 3월 20일, ‹개벽사›에서 세 번째로 창간된 『어린이』는 우리나라 어린이운동의 핵심적 역할을 담당했던 대표적인 잡지다. 소파 방정환이 혼신의 정력을 쏟았던 『어린이』 잡지는 우리나라에 '어린이'라는 평등호칭을 보편화시키는 데 결정적인 역할을 했다. 특히 불모지나 다름없는 우리나라 아동문학을 개척 확립하는 데 절대적인 공헌을 함으로써 순수 아동문학잡지로서의 기념비적인 위상을 정립하였다. 따라서 이 잡지를 통해서 기라성 같은 아동예술작가들이 활동하거나 새로 탄생하였다. 한때 3만부를 발행할 만큼 절대적인 인기를 누렸던 『어린이』는 1931년 방정환의 타계와 일제의 가중되는 수난으로 1934년 6월호(통권 121호)를 끝으로 사실상 종간되고 말았다.

여기에서 ‹개벽사›는 『개벽』을 창간하기 위해서 1919년에 설립된 출판사를 말한다. 그런데 이 개벽사에서 『어린이』 잡지를 간행하고, 그것이 당시 어린이운동의 핵심적 역할을 담당하였다는 것이다. 이로부터 천도교의 어린이운동이 '개벽운동'의 일환으로 전개되었음을 짐작할 수 있다. 아울러 『개벽』이 '개벽' 이라는 사상 용어를 널리 알렸듯이 『어린이』도 '어린이'라는 말을 보편화시켰음을 알 수 있다.

【김기전의 미래주의와 어린이론】

그렇다면 김기전은 『어린이』에 어떤 글을 실었을까? 11편의 글 중에서 이 글의 주제와 관련된 대목을 소개하면 다음과 같다.

> 세상 사람들은 유소년(幼少年)을 무시합니다. 우리 조선에 있어서는 더욱 그러한가 합니다. (…) 종래의 동양윤리는 장유유서의 교훈을 극단으로 고수하여

유소년의 인격을 인정치 아니한 동시에 그를 사회의 각 방면으로부터 제외하여 성년(成年)에 달하기까지는 그로써 하등의 문제를 삼지 아니한 관례가 있는 까닭(…)이외다.

아아 소년! 소년! 이름만 하여도 얼마나 향기롭습니까. (…) 그들이 있으므로 인하여 우리의 사는 곳에는 웃음과 기쁨이 풍성하며, 그들이 있으므로 인하여 우리의 공정(功程)에는 녹이 슬지 못하나니, 그들은 실로 우리 사회의 꽃이며 생명의 엉지순이며, 인습이란 벌레의 구제자이며 미래의 예언자이외다. 고로 그들을 선도(善導)하는 곳에 사회의 생장이 있을 것이요, 그들과 잘 조화되는 곳에 인도(人道)의 샘물이 흐를 것이요, 그들이 스스로 소리쳐 나아가는 곳에 진정한 파괴와 건설이 있을 것이외다.

영국의 금일의 유명한 사상가 럿셀은 말하되 "청년은 죽은 그 유령일지라도 산 노인보다 낫다"고 하였나이다. 이 말에 일리가 있다 하면 "소년은 죽은 유령일지라도 또한 산 청년보다 나을 것"이외다.

(『소춘김기전선생문집(2)』, 353-354쪽)

이 글은 1921년 7월에 간행된 『천도교회월보』 131호에 실린 「천도교소년회의 설립과 그 파문」의 일부이다. 글의 첫머리는 다음과 같이 시작되고 있다: "천도교청년회 경성본부 안에는 '천도교소년회'라는 새 모듬이 생겼나이다. 그 생긴 일자는 지난 5월 초 1일이라 (…)." 이것으로부터 이 글이 1921년 5월 1일에 창시된 '천도교소년회'를 기념하기 위해 쓰였음을 알 수 있다. 『개벽』이 창간된 것이 1920년 6월 25일이니까 그로부터 약 10 개월 뒤의 일이다. 또한 천도교소년회를 만든 단체가 천도교청년회라는 사실로부터 어린이 운동을 주도한 세력은 '천도교 청년들'임을 알 수 있다. 천도교청년회의 문화운동은 여기에서 멈추지 않았다. 1년 뒤인 1922년 6월에는 여성잡지 『부인』을 창간하고, 그 다음 해인 1923년 3월에는 『어린이』를 발간하면서 조선의 신문화운동을 주도해 나갔다.

이 모임의 기원은 3·1운동 직후인 1919년 9월에 설립된 '천도교교리강연부'로 거슬러 올라간다. 천도교교리강연부는 천도교 청년들이 교리 연구 및 문화 발전을 목적으로 조직한 모임으로, 1920년 3월에 '천도교청년회'로 개편되었다. 이 청년단체가 1920년 6월에 『개벽』을 창간하고, 1921년 5월에 '천도교소년회'를 설립하고, 1922년 6월에 『부인』을 창간하고, 1923년 3월에 『어린이』를 발간한 것이다(이상, 『한국민족문화대백과사전』 '천도교청년회' 항목). 이 천도교청년회의 핵심 멤버가 김기전이다. 따라서 그가 어린이 문제에 관심을 보이는 것은 지극히 당연하다.

김기전은 위의 글에서 조선의 소년들이 인권을 보호받지 못하는 이유로 '장유유서'를 극단적으로 고수하는 풍토를 들고 있다. '나이'를 '가치'의 척도로 삼고 있기 때문에 어린이들이 보호를 받지 못한다는 것이다. 이에 대해 김기전은 정반대의 어린이론을 전개하고 있다. 어린이야말로 "사회의 꽃이자 생명의 엉지순이며 인습의 구제자이며 미래의 예언자"라는 것이다. 그래서 그들을 잘 선도하고 그들과 잘 조화될 때 사회가 성장하고 창조적 파괴가 가능하다고 주장하고 있다. 결국 노인보다는 청년이 낫고, 청년보다는 소년이 낫다는 논리이다.

여기에서 우리는 김기전이 '장유유서'와는 정반대의 명제를 도출해내고 있음을 알 수 있다. 즉 나이 많은 사람보다는 나이 적은 사람을 더 존중해 주어야 한다는 논리이다. 그리고 이러한 주장의 근거로 '생명'과 '미래'를 들고 있다("생명의 엉지순", "미래의 예언자"). 어린이야말로 생명력이 가장 풍부하고 미래가 오래 남아 있기 때문에 가장 창조적이고 가장 생산적일 수 있다는 것이다. 여기에서 우리는 천도교가 비록 "모두가 한울이다"는 인내천 사상을 표방하고 있지만, 그 안에서도 모종의 가치적인 차등을 두고 있음을 알 수 있다. 즉 모두가 한울처럼 존중받아야 하지만, 그중에서도 '특히' 어린이는 더더욱 존중받아야 한다는 것이다.

이러한 생각은 김기전뿐만 아니라 다른 천도교인에게서도 발견할 수 있다.

위의 글이 나온 이듬해(1922년) 5월 1일, 역사상 처음으로 '어린이날' 행사가 열리게 된다. 이 행사에 참여한 어떤 기자는 어린이에 대해서 다음과 같이 말하고 있다.

> 오늘까지는 모든 완전은 과거에 있다고 인식했던 것이 이제부터는 사실상의 완전은 미래에 있다고 단언한 까닭이외다. 그런데 소년은 인간의 앞길잡이이며 미래의 표징이외다. 세상 사람이 제아무리 소년 문제를 등한시하고자 한들 될 수가 없게 되었습니다.
>
> (一記者, 「조선에서 처음 듣는 '어린이날' : 5월 1일의 천도교소년회 창립기념일을 그대로 인용하여」, 『천도교회월보』 1922년 5월호, 통권 141호. 번역은 소걸음 브런치(https://brunch.co.kr/@sichunju/323) 참조)

여기에서 우리는 전통적인 시간관과 역사관이 완전히 전복되고 있음을 볼 수 있다. 그것은 "완전은 과거에 있다"는 인식에서 "완전은 미래에 있다"는 인식으로의 전환이다. 종래에는 완전성을 과거에 두었는데 천도교에서는 미래에 두기로 했다는 것이다. 여기서 "완전성을 과거에 두었다"는 역사관은 동아시아의 유교 전통을 염두에 둔 것이리라. 유교에서는 성인이 다스리던 고대가 완전한 시대로 설정되어 있다. 따라서 모든 인간은 그 고대, 예컨대 요순시대의 정치와 문화를 본받아야 한다고 말한다. 공자가 자신을 작자(作者)가 아닌 술자(述者)로 자임하는 이유도 여기에 있다. 고대의 성인들이 이상적인 문물제도를 이미 만들어[作] 놓았기 때문에, 자신은 그것을 잘 설명하고 전달해[述] 주면 된다는 것이다.

반면에 천도교에서는 "미래에 완전함이 있다"는 일종의 '미래사관'을 표방하고 있다. 여기에서 '완전함'은 고대에 이미 만들어진 완성된 '그것'이 아니라 앞으로 만들어 나가야 할 미지의 '무엇'으로 열려 있다. '개벽'은 이러한 시간관과 역사관을 상징하는 개념이다. 천도교에서 어린이를 존중한 것도 이와 같은 개벽적 역사관을 갖고 있었기 때문이었다. 어린이야말로 '미래'에 가장 가까운 존재이고, 그런 의미에서 '완전함'에 가장 근접해 있다고 생각했기 때문이다.

【최시형의 생명주의와 향아설위】

천도교의 미래주의, 또는 미래사관은 동학의 해월 최시형에게서도 찾을 수 있다. 최시형은 제사를 지낼 때에 조상을 대상으로 제사를 지내지 말고 자기를 대상으로 제사를 지내라는 '향아설위(向我設位)'를 설파한 것으로 유명하다. 그런데 이 향아설위의 논리적 구조를 살펴보면 개벽적 시간관이 깔려 있음을 알 수 있다. 즉, 내가 조상보다 시간적으로 현대적이기 때문에 조상이 아닌 나를 향해 제사지내야 한다는 것이다.

> 임규호가 물었다: "나를 향해 신위를 세우는 '향아설위'의 근거는 무엇입니까?"
> 해월 신사가 대답하였다: "나의 부모는 시조로부터 몇 만대에 걸쳐 혈기를 계승하여 나에게 이르렀다. 부모의 심령은 하늘님으로부터 몇 만대에 걸쳐 계승하여 나에게 이르렀다. 부모가 죽은 후에 혈기는 나에게 남아 있고, 심령과 정신도 나에게 남아 있다. 그러므로 제사를 지낼 때에 신위를 세우는 것은 그 자손을 위하는 것이 본위이니라.(이하 생략)"
>
> 『해월신사법설』, 「향아설위」; 이규성, 『최시형의 철학』, 189쪽.

여기에서 최시형은 "조상을 위하지 말고 자손을 위하라"는 향아설위를 주창하면서, 김기전과 마찬가지로 장유유서의 윤리를 전복시키고 있다. 장유유서의 원리대로라면 당연히 조상을 위하는 제사가 되어야 할 것이다. 그런데 최시형은 정반대로 나이 어린 자손을 위해서 제사를 지내라고 하고 있기 때문이다. 다만 김기전이 살아 있는 사람들 사이에서의 존중의 차등을 말했다면, 최시형은 죽은 사람과 산 사람을 비교한다는 차이가 있다. 즉 해월은 죽은 자보다는 산 자가 존귀하다는 논리로 향아설위를 말하는 반면에, 김기전은 살아 있는 사람들 중에서는 나이 어린 사람들이 더 존중받아야 한다는 논리로 어린이론을 말하고 있는 것이다.

또한 김기전이 어린이론의 근거로 '미래'적 시간관을 들었다면, 해월은 향아설위론의 근거로 '생명'을 제시한다. 하늘님의 혈기가 조상이 아닌 나에게 남아 있기 때문에 내가 제사의 대상이 되어야 한다는 것이다. 여기서 '혈기'는 최제우의 표현을 빌리면 만물에 내재해 있는 '원기(元氣)' 또는 '생명력'을 지칭한다. 그 원기는 최제우에 의하면 하늘님으로부터 받은 것인데, 해월에게 있어서는 하늘님이 천지(天地)를 의미하기 때문에, 결국 원기는 '천지로부터 받은 생명력'을 의미한다. 그 생명력을 가장 많이 간직하고 있는 사람은 죽은 조상이 아니라 지금 여기에 살아있는 '나'라는 것이 해월의 주장이다.

【생명주의와 미래주의의 교차】

그렇다면 김기전과 최시형의 접점은 무엇일까? 미래를 말하는 소춘과 생명을 말하는 해월의 공통점은 없는가? 그것은 바로 미래와 생명의 교차이자 접점이다. 생명주의와 미래주의는 서로 다른 논리가 아니다. 김기전이 말하는 미래에는 생명이 들어 있고, 해월이 말하는 생명에는 미래가 담겨 있기 때문이다. 어린이가 "미래의 예언자"인 까닭은 "생명의 엉지순"이기 때문이며, 죽은 조상이 아닌 살아 있는 나를 향해 제사지내야 하는 까닭은 나의 생명이 미래를 여는 원동력이기 때문이다. 따라서 동학/천도교에서 말하는 '미래'는 '생명으로 여는 미래'를 의미하고, '생명'은 '미래를 여는 생명'을 가리킨다. 즉 생명은 미래로 이어지고, 미래는 생명으로 열린다.

전통적으로 중국사상에서도 '생명의 연속성'이 강조되어 왔다. 『주역』에서는 천지(天地)의 가장 큰 은덕을 생성이라고 보았고(天地之大德曰生), 그 생성을 이어나가는 것이 '좋음'이라고 보았다(繼之者善也). 그런데 동학/천도교에서는 그것으로 미래를 말하고 있다. 즉 하늘과 땅으로부터 받은 생명을 이어서 고대의 이상을 구현하는 것이 좋음이 아니라, 새로운 미래를 여는 것이 좋음이라는 것이다('開之者善也'). 따라서 동학/천도교에서 말하는 '개벽'은 '생명으로 잇는 미래'이자 '생명으로 여는 미래'라고 말할 수 있다.

그리고 그것을 '좋음'으로 설정했기 때문에, 동학/천도교에서의 도덕의 기준은 성인이나 경전이 아닌 생명과 미래가 된다. 최제우의 표현을 빌리면, 생명과 미래를 기준으로 '다시 정한'[更定] 것이다. 그렇다고 해서 양주처럼 양생에 전념하는 위아주의적 생명도 아니고, 묵자처럼 생명을 희생하는 멸사봉공적 미래도 아니다. 한울 전체를 위하는 양천(養天)이자 생명 살림으로 개척하는 미래이다. 1980년대에 '한살림'을 창시한 무위당 장일순이 "나락 한 알 속의 우주"를 말했듯이, 하나의 생명에서 우주의 미래를 보고, 우주의 미래를 위해 하나의 생명을 기르는, 한살림적 생명이자 미래이다. 우리는 그것을 '생명미래주의(biofuturism)'라고 부를 수 있을 것이다.

조성환

◈ 백신을 맞은 날 이 글을 썼다 ◈ 올 봄부터 새 연구소에서 일하고 있다 ◈ 벌써 네 번째 연구소다 ◈ 연구소가 바뀔 때마다 연구 분야도 바뀌었다 ◈ 새 연구소에 적응하느라 원형탈모를 겪고 있다 ◈ 8년 전에 쓴 박사논문이 올해 출판지원사업에 선정되어 내년에 출간될 예정이다 ◈ 3년전 개벽학당에서 강의한 '한국철학사' 강의안도 곧 출간될 예정이다 ◈ 원광대학교 초대 총장 숭산 박길진의 다큐멘터리 제작에도 참여하여, 박길진의 일본 유학 시절을 재구성하는 작업을 맡았다

지금은 '생태적 시간'이 요청되는 때!

김대식

【고난의 시간: 계측적 시간을 지양하기 위하여!】

함석헌은 『뜻으로 본 한국역사』에서 고난이라는 민중의 경험을 매우 중요하게 보았습니다. '우리나라의 역사는 고난의 역사'라는 해석은 달리 말해 민중의 고난이 역사의 실체(substantia)라는 것을 의미합니다. 고난의 힘이 시간의 유한성을 이긴다는 역설을 감행한 그의 역사 해석은 지금까지도 좋은 평가를 받고 있습니다. 민중, 곧 하늘과 땅 사이에 생성적, 역동적 존재인 씨올이 있습니다. 씨올은 사이적 존재의 상징성을 나타내는 개념입니다.

하늘과 땅의 공간 안에서 인간이 운동을 합니다. 변화, 발전, 생멸합니다. 스스로가 아니라 하늘과 땅의 운행 시간 안에서 움직입니다. 우주의 큰 시간 안에 작은 인간의 시간이 존재합니다. 개별적 인간의 생명 시간은 독단적으로 존재하지 않습니다. 우주의 생태적 시간 안에서 인간의 시간이 존재합니다. 계량적 시간만을 따지니까 전체의 시간을 보지 못합니다. 키르케고르(S. Kierkegaard, 1813~1855)가 유한한 시간과 영원의 시간 사이에서 순간이라는 찰나의 실존적 시간을 주장한 것도 인간이 깨단한 시간을 놓치고 있다고 보았기 때문입니다. 중요한 것은 의미의 시간, 의미의 역사입니다.

함석헌은 『뜻으로 본 한국역사』에서 고난이라는 형이상학적 의미를 역사의 원동력이라고 봅니다. 인간은 기득권의 존재가 아닙니다. 고난 받는 인간이 고난이라는 시간의 역사적 힘에 의해서 이끌려 간다는 의미에서, 고난을 자신의 유한성으로 알고 고난의 시간에 올라탄 것입니다. 그러나 기실 고난은 인간의 형이상학이나 존재론의 의미만은 아닙니다. 모든 생명체는 고난을 겪습니다. 유한성이 자연스런 시간 성격이라 할 수 있으나 이 유한성 때문에 서로의 생명을 취해야 하는 욕망을 낳기 때문입니다. 시간성의 욕망이기도 합니다. 고난은 시간성의 욕망과 직결되는 것입니다. '생명 연장의 꿈'이라는 허울 좋은 이데올로기도 따지고 보면 시간의 유한성을 역행하겠다는 이기적 몸부림과 다르지 않습니다.

역설적으로 환경을 생각한다는 논조를 띠고 운동을 전개하는 것도 무위(無爲)가 아니라 인위(人爲)이며 유위(有爲)입니다. 자신의 생명을 귀중하게 생각하기 때문에 생기는 자기 돌봄인 것입니다. 자연은 돌보지 않아도 스스로 그러함[自然]인데, 인위로 파괴를 해놓고 다시 무위인위(人爲)로써 극복하자고 하니, 그렇게 해서 정녕 그 자연스러움의 시간이 온전히 회복될 수 있을까요? 물론 극단적으로 환경 파괴가이 문제가 된 상황에서 손 놓고 아무 일도 하지 말자는 것은 아닙니다. 다만 시간의 유한성을 인지하고 인위로서 인위를 극복하거나 마치 그것으로서 자연환경을 위하는 듯이 생각(안도)하지 말아야 한다는 것입니다. 돈을 쓰지 말자고 주장하면서 돈을 써서 캠페인을 벌이는 모순을 범하는 것입니다. 자연환경을 보전하자 외치면서 종이와 전기를 사용하여 홍보하며함으로써 나무를 베어내고, 탄소 배출을 가속화하는 꼴입니다.

시간은 공통된 생명의지의 표현(Ausdruck)입니다. 곧 생태적 시간을 의식한다는 것은 각기 고유한 생명의 시간을 살아야 한다는 것을 깨닫는 것입니다. 설령 그것이 바이러스라고 할지라도 말입니다. 이로써 우리는 시간 속에서 다른 생명의 고통과 고난의 시간을 체험하고 이해하게 됩니다. 이를 달리 탈주관적 시간성 혹은 상호주관적 생명적 전회라고 말할 수 있을 것입니다.

고난 받는 생명의 시간이 역사적 시간이고 생태적 시간입니다. 모든 생명체는 고난을 통해서 자신의 존재를 자각합니다. 살라는 명령을 부여(위임) 받은[生命] 모든 생명과 생명의 관계는 그 명령에 성실함으로써 고난을 경험하게 되고 자신에게 주어진 시간성 속에서 생명적 관계, 생태적 관계, 탈자연화된 시간 혹은 자연화된 시간 속에서 고민을 합니다. 이때 생명의 시간인식, 생태적 의식이 싹틉니다. 이렇게 인간은 생명으로 회귀하려는 공통된 의지를 자각하게 되면 인위의 시간과 폭력의 시간에 저항하고자 할 것입니다.

【폭력의 시간: 자본주의적 시간을 넘어서기 위하여!】

과학자와 철학자 두 가지 감성을 갖추었다고 평가받는 작가 주커브(G. Zukav)는 인간이란 '영혼을 찾아가는 여행'을 하는 존재라고 말합니다. 그러면서 이렇게 비판합니다. "우리는 생명을 너무 가벼이 여긴다. (…) 동물의 세계에서 서로 죽이고 먹이로 삼는 것을 보면서 약한 생명체는 오직 강한 생명체의 배를 채우기 위해 존재한다고 여긴다. 본질적으로 삶이란 그런 것이라며 당당하게 다른 사람들의 삶을 착취한다. 그리고 다른 사람들을 불구로 만들기도 하고 죽이기도 한다. 곳간에는 곡식을 가득 쌓아 놓고 우유를 하수구에 흘려보내면서도 수백만의 사람들이 굶어 죽는 것을 외면한다."(G. Zukav, 49쪽) 사태가 이러할진대 우리는 시간의 관념이나 시간 속에 살고 있는 생명의 관념을 바꿔야 합니다.

시간은 추상이 아닙니다. 실증주의·과학주의·심리주의적 시간도 아닙니다. 시간은 그 누구도 때와 때 사이를 강제할 수 없는 자유로운 짬이요 자기 생명을 저해하는 요인들에 대한 저항이자 반항입니다. 먹고 먹히는 경쟁적, 약육강식의 시간이 결코 아닙니다. 우리는 자본주의의 계량적 시간에 익숙하여 같은 시간을 경험하면서도 서로 죽이지 못해서 안달입니다. 그래봐야 유한한 시간 안에 있는 존재라는 것을 까마득하게 잊고서 말입니다.

인간은 자연과 존재를 구분하고 시간과 존재를 따로 떼어서 사유하던 방식을 넘어서야 합니다. 그러기 위해서는 칸트(I. Kant)가 체계적으로 생각했던 자연과 자유의 두 시민의식을 가지면서 인간은 자연 안에 있으면서 동시에 자연을 넘어 사유하는 존재라는 것을 잊지 말아야 합니다. 다만 딜타이(W. Dilthey, 1833~1911)가 인식했던 것처럼 역사는 자연 위에 세워지더라도 자연이 인간 역사의 토대라는 것을 알아야 합니다. 인간은 직접적으로 시간을 지각하지 못합니다. 그저 시간 경험은 의미로서의 생성, 소멸, 변화, 운동입니다. 이것은 인간이 유한한 세계-내-존재라는 것을 뜻합니다. 인간은 (자연) 세계의 거기에(Da)-있음(sein)입니다. 그 있음의 방식은 탄생에서 죽음이라는 유한적인 시간 안에 있다는 것, 그리고 그것은 모든 존재자의 공통된 존재 방식이자 시간 경험입니다(김창래, 277-294, 401-404, 578-579쪽).

영혼은 모든 생명체의 원-형(arche-type)을 찾아나가는 시간 안에 있습니다. 서로 돕고 서로 보완하면서 서두르지 않고 천천히 자신의 속도로 삶과 생명을 향유하고자 하는 것이 영혼의 보편적인 의지일 것입니다. 그런데 자본주의는 시간과 속도를 조각조각 자르고 나누어서 빠른 걸음으로 목표에 다다라 소정의 결과물을 생산해 내기에 바쁩니다. 반면에 느림이라는 시간이나 속도가 반드시 반자본주의라고 할 수 없지만 느림과 게으름 속에는 자신과 이웃, 그리고 자연을 돌아보며 반추할 수 있는 여유가 있습니다. 생명체의 아르케는 자연의 속도와 시간에서 비롯됩니다. 컨베이어벨트나 기계적 시간에 있지 않습니다. 그래서 빌헬름 딜타이는 "우리 자신이 이미 자연이다"(김창래, 406쪽)라고 선언합니다. 이것이 시간적 존재의 겸허한 삶의 이해입니다.

【자연의 시간: 인간 경험의 한계 인식을 위하여!】

$E=mc^2$[에너지=질량×(빛의 속도)^2]. 이것은 아인슈타인(A. Einstein)의 상대성이론의 공식입니다. "어떤 물체의 질량이 에너지로 바뀌면 그 물체의 질량(m)에 빛의

속도(c)를 제곱한 만큼 곱해진 에너지(E)가 얻어진다는 말이다. 이는 석탄 1g을 태워서 얻는 에너지에 비해 석탄 1g을 완전히 에너지로 전환시켜 버리면 태울 때에 비해 약 30억 배 이상의 에너지가 방출된다는 말이다"(송명재, 28쪽). 빛의 속도는 약 30만km/sec인데 송명재의 주장을 다른 식으로 설명하면, 1원짜리 동전 1g은 그 에너지가 100와트의 전구를 3만 5천 년 동안 밝힐 수 있는 것이며, 약 100g의 공은 자전거를 4천 년 동안 달리게 하는 것과 맞먹습니다(NHK아인슈타인 팀, 32-33쪽 참조).

지구상에서(우주에서도 마찬가지이지만) 어떤 물체가 아무리 빨라도 결코 빛의 속도보다 빠를 수 없습니다. 기차가 시속 120km로 달린다고 할 때 그 속도는 지구에 대해서 시속 120km를 의미합니다. 어떤 사람이 시속 30km로 달리는 자전거를 타고 가면서 반대방향으로 달리는 기차를 바라본다면 그 기차는 시속 150km로 달리는 것처럼 느껴질 것입니다. 태양을 중심으로 하면 또 달라집니다. 이처럼 절대운동속도란 없다는 것이 아인슈타인의 상대성이론의 핵심입니다(송명재, 27쪽). 속도 혹은 시간은 관찰자의 위치에 따라서 달라진다는 것입니다.

이러한 질량-에너지 등가공식은 나중에 "핵분열(어떤 물질의 원자핵이 쪼개지면서 막대한 에너지를 방출시키는 현상)이나 핵융합(가벼운 물질들의 원자핵이 서로 합해져서 새로운 물질의 원자핵이 탄생하는 현상) 때 방출되는 에너지를 해명해주는 근거가" 됩니다(송명재, 28쪽 참조). 물질이 갖고 있는 이 시간성의 증폭된 에너지가 무시무시한 원자폭탄을 만들어낸 것입니다. 물질에 속도 혹은 시간을 닦달한 현상이 엄청난 살상력을 초래하였습니다.

빅뱅 이론에 의하면 무한히 높은 온도와 에너지 밀도를 가진 티끌 우주가 탄생 후 3분이 지나면 그 태초는 약 137억 년 전이 되는 것입니다. 137억년의 세월이 흘러서 우주 공간은 −270℃의 차디찬 공간이 되었습니다(김제완, 87-94쪽 참조). 시간의 아득함을 가늠할 수 있을까요? 이에 김제완은 시간성 속에서 주어진 존재자에 대한 뜻의 불가해성을 이렇게 말합니다. "우리들 물리학자는 하느님이 이 우주를 만드실 때 어떤 디자인 감각으로 쿼크, 전자 및 중성미자(Neutrino, 中性微子) 외에도 그와 유사한 입자들을 만들었을까 생각해 본다. 이 세상을 더 조화 있게 하려고? 혹은 우리가 모르는 필요성에 의한 것일까? 60년 전에 파울리 교수가 어떤 물리학자의 결과를 종합적으로 평가할 때의 말이 생각난다. Viele Fragen! Keine antworten!(질문은 많고 대답은 없다)"(김제완, 85-86쪽).

칸트는 주체적 인간이 대상을 인식하기 위한 선험적 직관의 형식으로 공간과 시간을 들었습니다. 시간은 자연의 시간이지만 인간의 마음에 이미 전제되어 있어서 사물을 판단하는 데 개별자의 고유한 시간에 의해서 판단할 수밖에 없다는 대전제를 세웠습니다. 이것을 달리 말하면 현사실성의 시간이라고 해야 할까요? 죽은 후의 시간이 아니라 지금 내가 여기서 경험하고 있는 현재의 사실적 시간이 더 중요하다는 것입니다. 사실로서의 시간을 어떻게 경험하고 사느냐가 나중의 생명체와 후세대에게 물려 줄 시공간이 결정되기 때문입니다. 시공간의 질(quality)은 지금 여기에서 사는 사람들의 사실로서의 시공간을 어떻게 대하느냐에 따라서 달라집니다.

때와 때 사이, 일어남(geschehen)과 쉼 사이, 무위와 인위, 있음과 없음 등 자연의 사실은 외면할 수 없습니다. 외려 사이의 여백에서 다른 생명체를 생각할 수 있습니다. 하지만 일어남, 발생함은 결국 인간의 해석과 행위가 개입되는 주체성을 상정하는 것이기 때문에 생명체적 평등성이 위계적 현실성에 의해서 제약됩니다. 그래서 생태적 시간은 오이코스(oikos), 곧 모두가 끈끈한 사랑으로 느슨하게 연결되어 있는 공동체적 자유, 존재론적 자유가 아니면 안 됩니다.

【아나키의 시간: 생명적 시간의 무소유[非所有]를 위하여!】

생태 위기를 혹독하게 경험하고 있는 지금 우리는 보편적·객관적·계측적 시간이 아닌 나의 시간이 중요합니다. 나의 시간은 나의 마음과 보폭, 팔 흔들림,

천천히 시선을 두루 살핌 등입니다. 자연 속에서 내가 있다는 것을 알아차리는 속도는 계량적 시간하고는 아무런 상관이 없습니다. 자연은 기계적 시간이 아니라 때를 채우고 비우고 하는 것들을 그저 때에 맞춰서 할 뿐입니다. 거기에 인위가 어디 있을까요? 각 개별자의 시간, 아니 존재자들의 시간은 자기 자신(의 시간)에게 있습니다. 자기가 나고 죽는 때는 다 고유합니다. 전체 우주 혹은 생태계 안에서의 자기의 고유한 때를 서로 침범하지 말아야 합니다. 그런데 우리는 지금 인간이라는 우월한 지위—이 지위는 우리 자신이 부여한 자만이요 학습일 뿐입니다—로 다른 존재자들의 고유한 때를 폭력적으로 대하고 인위적인 사라짐에 부정적으로 일조하고 있습니다.

시간을 소유할 수 없다는 것은 그 태초 혹은 기원(arche)은 어느 누구의 것도 아닌(an) 모든 생명체의 것이라는, 평평한 존재론 혹은 평등한 존재론적 시간관에 입각한 것입니다. 보이지 않는 작은 식물이나 벌레에서부터 인간에 이르기까지 시간의 길고 짧음의 측정에 의해서 어떤 생물학적 위계를 설정할 수 없다는 것은 잘 알고 있는 사실입니다. 그런데 그 시간을 길게도 짧게도 할 수 있는 것은 서로 돌봄이나 서로 도움[相互扶助]을 통한 모두의 공통적 시간이 될 때 가능합니다. 나의 시간만이 아니라 너의 시간이 있고 너의 시간만이 아니라 나의 시간이 있다는 단순한 논리를 통해 나-우리의 시간이 될 때 생명을 존중할 수 있습니다. 한 마리의 강아지나 돼지 혹은 닭이 세상에 나와서 자기 고유의 영역과 중첩된 공통된 영역에서 생명을 나눌 때 자신을 위한 생명이자 타자를 위한 생명이 됩니다. 이것을 사람이 먼저 인지하지 않으면 그저 모든 생명체와 그/너 생명체의 시간은 인간인 나를 위한 시간이 되어 버립니다.

아나키즘적인 시간을 논해야 할 당위성은 생명과 시간이란 시계를 갖고 시간을 측정하는 인간에게 달려 있지 않다는 사실에 있습니다. 소유적 시간 개념의 해체입니다. 그저 때에 따라 우주요 때에 따라 자연입니다. "자연은 무목적적·무의지적으로 자발적인 내재적 법칙에 따라 저절로 운동하는 힘의 흐름을 묘사하는 것"입니다(김백희, 223쪽). 하루의 낮과 밤, 사계절은 인간에게만 적용되지 않습니다. 모든 생명체의 때와 관련이 있습니다. 다시 원래의 물음으로 돌아갑니다. 자연환경에서 시간이 왜 중요한가?, 서양철학(신학)이나 동양철학적 시간관념의 차이는 무엇인가, 또 직선적 시간인가 순환적 시간인가 하는 물음과는 별개로 '생태적 시간'이란 '나-우리의 시간'이라는 점입니다. 나의 시간으로 너의 시간을 포섭하려고 하지 않을 때 생태적 시간의 가능성이 열립니다. 달리 말해서 생태적 시간은 모든 개체 하나 하나를 존중하면서 그것이 갖는 삶이나 생명의 경험을 탈중심화하는 것입니다.

나아가 나의 시간과 너의 시간을 산술적 가치로 측정되지 않는 시간이 될 때 행복지수가 더 높아집니다. 우리는 서로 다른 존재자이면서 같은 시간을 공유합니다. 시간은 누구의 것도 아닙니다. 특히 생명적 시간, 생태적 시간을 독점할 수 있는 존재자는 아무도 없습니다. 이에 대해 한 걷기 순례자는 이렇게 말합니다; "우리 인간은 역사 속에서 단 한 번도 시간을 지배하지 못했다. 우리가 속도라고 부르는 것에 늘 쫓기기 일쑤였다. 예나 지금이나 멈추지 못하는 사람들이 존재한다. 2,000년 전에 로마의 희극 작가 플라우투스는 이렇게 썼다. '이 도시는 저주받은 시계로 가득 차 있다. 신들이 시간을 나누는 방법을 처음으로 생각해낸 사람을 저주한다. 나도 이곳에 해시계를 설치해서 내 하루를 이렇게 끔찍하게 나누고 분 단위로 쪼갠 사람을 저주한다.'"(U. Hauser, 227쪽)

느긋하고 빈둥거릴 수 있는 시간이 자연을 살릴 수 있습니다(U. Hauser, 위의 책, 229). 반복하거니와 생태적 시간이란 계측적, 수량적 시간이 아닙니다. 자연의 흐름 혹은 때의 작용일 따름입니다. 공간(장소)과 시간의 중첩이 인간의 역사인데, 우리는 자연에 너무 많은 고난과 상처를 안겨주었습니다. 시간 안에 자연이 있지 않습니다. 자연 안에 시간도 있고 인간도 있습니다. 한 치의 어긋남이 없는 이치(理致)입니다. 이를 거역하는 것은 배리(背理)한 인간입니다.

'시계는 악마의 수레바퀴!' 알제리 북부에 사는 카바일 족의 생각입니다. 환경문제로 자충수를 둔 우리가 짬을 내 곱씹어봐야 할 말입니다.

참고문헌

G. Zukav, 이화정 옮김, 『영혼의 의자』, 나라원, 2000.

김창래, 『과학과 정신과학』, 고려대학교출판문화원, 2021.

송명재, 『아인슈타인의 실수』, 한국원자력문화재단, 1995.

NHK아인슈타인 팀, 현문식 옮김, 『숨겨진 설계도, $E=mc^2$』, 고려원미디어, 1993.

김제완, 『겨우 존재하는 것들』, 민음사, 1993.

김백희, 「동양철학과 4차 산업혁명 시대의 인간」, 『동서철학연구』 제86호, 한국동서철학회, 2017.12.

U. Hauser, 박지희 옮김, 『걷기를 생각하며 걷기』, 두시의 나무, 2021.

김대식
◈ 철학 및 종교학을 통해 대학생들과 함께 사유하는 것을 삶의 시간에서 가장 큰 의미로 삼고 있다 ◈ 더불어 평평한 존재론에 입각한 인간의 절대자유를 추구하는 ‹함석헌평화연구소›와 씨올정신을 함양하는 ‹함석헌기념사업회›에서 활동하고 있다 ◈ 주요 관심사는 자연, 자유, 협화, 상호부조, 한반도중립공동체 등이다 ◈ 이를 위해 철학, 종교학, 신학이라는 학문으로 어떻게 이론과 실천의 얼개를 잘 만들어 갈 것인가를 늘 골똘하게 생각한다

분단의 시간, 북한의 '반제反帝'와 '주체主體'

정혜정

8.15 해방은 분단의 시작이었다. 남북이 분할되고 전쟁으로 고착화되어 가는 그 과정은 너무나 참혹했다. 그러나 이 참혹한 현대사는 여전히 베일에 둘러싸여 있다. 더구나 역사교육에서도 근현대사 부분이 약하고, 사람들이 관심을 갖지 않아 점점 잊히는 것이 현실이다. 그런데 다행히 1990년대 말부터 미국 국립문서기록청(NARA)에 보관된 극비문서가 조금씩 공개되고, 연구자들에 의해 자료가 분석되면서 남북의 분단 과정을 이해하는 지평이 넓어지고 있다. 예컨대 그동안 끊임없이 제기되었던 의문들, 즉 「나치와 동맹을 맺었던 일본이 분할 점령되지 않고, 왜 조선이 분할 점령되었는가?」, 「독일의 전범재판과 달리 일본의 핵심 전범자들은 왜 제대로 처벌되지 않았는가?」, 「신탁통치안에 대한 왜곡 보도는 누가 조작했는가?」, 「4.3과 여순항쟁의 초토화 진압은 누가 지휘했는가?」, 「왜 좌익과 북한은 '빨갱이'로서 비인간화되었는가?」, 「남침과 북침은 모두 신화인가?」 등, 추측성이 난무했던 이야기들이 좀 더 그 진위를 구별할 수 있게 되고, 당시의 정황을 좀 더 투명하게 이해할 수 있게 되었다. 그리고 이와 같은 물음의 퍼즐을 하나씩 맞추어 나가보다 보면 그 중심에 미국이 서 있음을 알게 되고, 북한의 코드를 읽을 수 있다. 남북 분할과 전쟁은 좌우익의 살상과 한반도 전역의 초토화, 남북의 양민학살 등 수많은 생명들의 희생과 폭력으로 점철된 과정이었다. 그리고 그 과정에서 형성된 남한

의 '친미반공'과 북한의 '반제의 주체'는 오늘날 남과 북의 특징을 이루는 결정적인 요인이 되었다. 이에 정용욱, 정병호 교수 등 현대사 연구자들이 새롭게 제시한 자료를 바탕으로 1945년 8월 조선 분할로 시작되는 점령 통치의 사건을 짚어 보면서 '자주'로 나아가는 '북한의 시간'을 더듬어보고자 한다.

【식민지에서 남북분할로】

1945년 8월 전쟁에 승리한 연합국(미·영·중·소)은 패전국 독일의 경우처럼 일본을 분할 점령하기로 했다. 1945년 6월 독일의 분할통치가 시작되었고, 7월 포츠담 회담에서는 연합국이 모여 일본 분할 점령에 합의했다. 미국은 간토와 간사이를, 소련은 홋카이도와 도호쿠를, 영국은 규슈와 주고쿠, 중국은 시코쿠 등을 각각 분할통치하는 점령 계획을 마련한 것이었다. 그러나 일본 분할이 조선 분할로 바뀌었다. 여기에는 미일 밀약이 있었다.

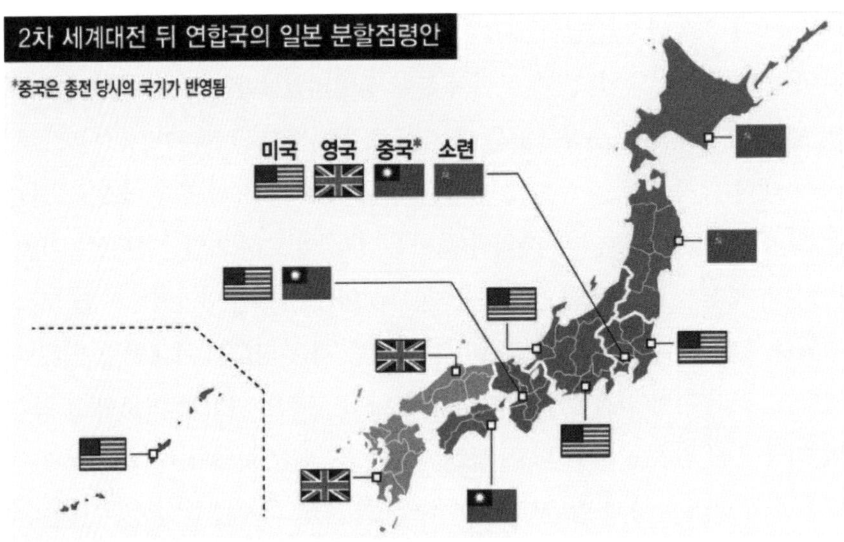

출처: 정병호, 「일본 대신 우리가 분단된 까닭」, 『한겨레』, 2020.8.13.

당시 2차 세계대전 이후 미소 냉전이 시작된 상황에서 일본은 미소의 충돌 지점을 일본이 아닌 조선으로 유도하고자 했고, 이를 위하여 미국과 비밀리에 협약을 이루어나갔다. 대신 미국은 일본에 미군을 주둔시키고 일본을 재건시켜 동북아 전략기지로 삼는 태평양 시대를 열어나갈 수 있었다. 맥아더는 인류의 정의보다는 자국의 이익을 고려하여 전후 처리에 임했고, 일본뿐만 아니라 남한까지 점령하여 동아시아를 주도하고자 했다. 과거에도 미국은 일본과 카츠라 테프트 조약을 맺어 상호 이익을 공유한 바 있다. 일본은 마루타 등 여러 가지 실험 결과뿐만 아니라 조선 식민통치의 경험과 정보를 미국에 넘겨주었고, 미군정은 조선통치에 친일 관료들을 활용했으며 6.25 전쟁 때도 미국과 일본은 공조관계를 취했다.

도쿄 전범재판 역시 정의가 아닌 미국의 동북아 전략 하에 진행되었다. 전범국 일본과 독일에 대한 전범자 처리는 너무나 달랐다. 패전국 일본에 대한 점령 정책은 미국에 의해 일방적으로 기획되고 수행되었다. 독일은 뉘른베르크 재판에서 핵심 전범자 24명 모두를 처벌했지만, 일본은 A급 전범 26명 중 7명만 유죄가 선고되고 19명은 재판에 회부하지도 않은 채 전원 석방되었다. 당시 히로히토 천황은 맥아더를 찾아가 일본 문제에 대해서 교섭을 했고, 그 교섭의 일환으로 천황을 비롯한 핵심 전범자들은 대부분 처벌을 면했다. 731부대 범죄 또한 불문 처리되었다. 대신 전쟁 책임은 말단 급에게 전가되었다. 그리고 강제 동원으로 끌려간 조선인과 대만인들도 전범자가 되어 수백 명이 처벌되었다. 일본은 퇴각하면서 연합군 포로 처형 명령을 내렸고, 포로수용소장에게 기밀문서를 전달하여 연합국이 심문할 경우 연합국 포로 학대는 “머리가 나쁘고 민족성이 좋지 않으며 교육 못 받은 조선인과 대만인이 한 짓”으로 말할 것을 명령했다(이 역시 문서 기록으로 남아 있다). 그리고 A급 전범 자신들은 대부분은 살아남아 일본 건설의 주역으로 다시 등장하였다. 조선 총독이었던 아베 노부유키(아베 신조의 할아버지)와 만주국 고위관료 기시 노부스케(아베 신조의 외할아버지)가 대표적인 예이다. 조선 분할과 도쿄 전범재판에서부터 맥아더의 계획은 시작된 것이다.

1945년 9월 초 태평양총사령관 맥아더는 남한에 포고령을 고시했고, J. 하지 조선사령관은 인천항으로 입항하여 미군 통치를 시작하였다. 포고령의 주요 골자는 기존 체제를 그대로 유지하고 점령군에 반하면 엄중 처벌할 것이며 질서 교란의 경우 사형에 처한다는 것이었다. 그러나 당시 조선인들은 미군을 해방군으로 알고 환영을 나갔고, 인민위원회 치안단 2명이 총격으로 살해되었다. 일본 경찰이 접근 불가 명령을 어겼다는 이유로 발포한 것이었다. 이는 J. 하지가 내린 명령이기도 하였다. 조선인들이 미군 입국 작전을 방해할 수 있다는 이유로 민간인들의 접근 금지 명령을 내린 것이었다. 하지는 자신의 의무인 질서 유지를 위해 일본 지배 체제를 그대로 유지한다고 했고, 일본인들이야말로 자신이 가장 신뢰하는 정보원이라 했다. 그리고 당시 조선인의 대표성을 띠었던 김구의 임시정부[i]나 여운형을 중심으로 조직된 인민공화국(인민위원회 자치조직)은 거부했다. 하지의 입장은 곧 미국무성의 입장이었다. 미국은 하지 사령관으로 하여금 상황 판단에 따라 일본인들을 활용하거나, 책임 있는 자리에 기용하도록 했다. 이에 조선인들은 일본 관료 및 일본군과 친일 경찰이 그대로 유지되는 것에 저항하기 시작했다. 하지만 조선인의 주권과 정의를 원했던 대다수 사람들은 모두 빨갱이로 규정되어 점차 제거되기 시작했다.

【신탁통치안의 오보와 언론조작】

1945년 12월 27일 «동아일보»는 1면에 모스크바 3상회의에서 논의된 신탁통치안에 대한 보도를 냈다. 삼상회의에서 논의된 조선 독립 문제의 결과가 "소

i 1945년 11월 19일, 김구를 비롯한 임시정부 요원들은 귀국할 당시 서약을 했다. 개인 자격으로 입국할 것임과 자신들은 입국해서도 정부로서 기능하지 않을 것이며, 미군정의 질서 유지에 협조할 것을 서약한 후에야 미군 항공편으로 입국할 수 있었다.

련은 신탁통치 주장, 소련의 구실은 삼팔선 분할 점령. 미국은 즉시 독립 주장"이라는 것이다. 그러나 이 기사는 실제 내용을 완전히 거꾸로 뒤집어 보도한 것이었다. «동아일보»의 왜곡 보도는 미군이 운영하는 «Pacific Stars and Stripes(태평양 성조기)»의 기사를 베낀 것이었고, 그 해당 기사는 당시 날조 전문가로 악명이 높았던 랄프 헤인젠(R. Heinzen) 기자가 쓴 것이었다(정용욱, 「신탁통치안 왜곡의 출발은 날조 전문 미국기자」, «한겨레신문», 2019.6.8.). 당시 동아일보가 기사를 낼 때, '워싱턴 25일 발 합동통신 지급보도'라 하여 보도한 것은 바로 태평양 성조기에 실린 외신 종합 기사를 그대로 국내에 유입하여 오보한 것이었다. 동아일보와 태평양 성조기가 같은 기사를 같은 날 동시에 배포했다는 것은 음모의 배후를 추정케 한다. 모스크바 회의의 실제 내용은 미국이 10년간 신탁통치를 주장했고, 소련과 영국은 이를 반대하여 즉시 독립을 주장했으나 다시 조율하여 5년간의 신탁통치안을 제기하게 된 것이었다. 그리고 이는 먼저 한국에 임시정부를 수립하고 조선정부와 연합국이 협의하여 최장 5년간의 신탁통치를 실시할 수 있다는 합의였다. 그러므로 팩트는 "미국은 신탁통치 주장, 소련은 즉시 독립 주장, 미국의 구실은 38선 분할 점령"이었다.

신탁통치안이 왜곡 보도되었을 당시 이를 가장 먼저 의심했던 인물이 송진우였다. 송진우는 정확히 사태를 파악하여 조치를 취하자고 했으나 의문의 암살을 당하고 만다. 그리고 조선은 찬탁과 반탁으로 나뉘어 분열되기 시작했다. '즉시 독립'이 아닌 '신탁통치'를 말하는 것 자체가 조선인의 거부감과 상처를 건드리기에 충분했다. 반탁운동의 선봉에 섰던 김구와 이승만은 1947년까지 반탁운동을 이어나갔고, 좌익은 처음엔 반탁에 동조를 표했으나 회의의 정확한 내용이 알려지자 찬탁의 입장을 분명히 했다. 그 이유는 4개국의 신탁통치가 오히려 조선의 분할을 막고 일정 시간이 지난 후에는 주권을 다시 돌려받을 수 있는 방안이라고 판단했던 것이다. 그러나 언론의 오보와 획일화로 민심은 좌익으로부터 이반되어 반소/반탁을 주장하는 우익으로 옮겨졌고, 좌우는 선명하게 갈라져 갈등의 소용돌이에 휩싸이게 되었다. 이러한 상황을 이어 미군정은 남한만의 단독 정부수립을 의도하였고 이승만은 1946년 6월 3일 정읍 발언에서 "남한만의 단독 정부 수립을 주장하여 38선 이북에서 소련이 철퇴하도록 세계 공론에 호소"하자고 주장하였다. 그리고 결국 1947년 9월 미소공위가 결렬되고, 이승만의 단독정부 수립이 현실화되자 4.3항쟁, 여순항쟁 등의 저항으로 이어졌다. 김구와 김일성을 비롯한 남북의 지도자들은 남북연석회의를 열어 남한 단독정부 수립을 저지하고 남북 총선을 추진하였지만 결국 좌절되었다.

【범죄자로 호명되는 '빨갱이'】

한국 근대사에서 조선인의 사회주의 수용은 운명적인 선택이었고, 또한 민족해방운동의 일환이었다. 1919년 3.1운동이 일제의 잔인한 탄압과 폭력으로 좌절되었을 때, 조선 사람들은 절망과 원통함에서 헤어 나오지 못했고, 이러한 상황에서 동북아 지역으로부터 전파된 사회주의는 조선이 재기할 수 있는 한 줄기 빛으로 간주되었다. 1947년 7월 미군정이 실시한 여론조사를 보면 선호하는 체제가 사회주의 70%, 자본주의 13%, 공산주의 10%, 나머지 7%는 모르겠다는 응답이 나왔다. 사회주의가 70%나 차지했던 것은 90%에 가까운 민중 대다수가 농민, 노동자였고 노동자/농민을 기초로 민족해방운동을 벌였던 사회주의운동의 의미가 광범위하여 대중성을 띠었기 때문이다. 그러나 미국은 세계를 자유세계(자본주의)와 공산세계(사회주의)로 양분하였고, 자유세계의 최대의 과제는 공산주의 침략으로부터 자유세계를 수호하는 것이라고 하였다. 맥아더는 미소 냉전체제 하에서 반공을 기치로 내세웠고, 이에 손발을 맞추어 권력을 장악해 나갔던 이승만과 미군정 경찰(친일경찰)들은 좌익을 범죄자로 간주해 나갔다. 사회주의 독립운동가, 친일파를 반대했던 사람들은 모두 빨갱이로 몰려 생존이 어려웠다. 눈에 거슬리면 '빨갱이'로 호명되고 범죄자가 되어 '인간사냥'의 대상으로 전락하고 희생되었다. 일제에 맞서 가장 치열하게 싸웠던 김원봉도 월북할 수밖에 없었던 것은 생존의 위협 때문이었다. 김원봉은 임정요인으로 귀국한 다음 여운형과 뜻을 같이하며 좌우합작과 통일을 위해 애썼다. 그러나 여운형이 암살당하고 자신은 악질 친일경찰 노덕술에게 고문을 당하며, 뺨을 맞는 모욕을 당했다. 여운형도 12차례나 테러를 당했던 만큼 김원봉의 월북은 남한의 상황이 그렇게 만든 것이라 할 수 있다. 그는 북한정권 수립에 기여했다고 하여 현재 독립유공자에서 제외되어 있다. 오늘날 대한민국이 있는 것은 김원봉과 같은 독립운동가들의 헌신이 있었기 때문임에도 불구하고 말이다.

일제하 민족해방운동의 큰 줄기였던 사회주의 독립운동가들은 일제 때와 다름없이 해방 이후에도 빨갱이로 탄압받는 현실이 되었다. 김남천은 일제 때와 달라진 것이 별로 없다고 하면서 "일제시대와 다른 점은 다만 일어 대신 국어로 방송한다는 것이고, 일제시대의 제국주의 선전 대신 지금은 반소반공, 따라서 반동적인 것뿐"이라 하였다. 임화는 "일제 지배 하 조선민족은 두 부류로 나누어져 있었다"고 말했다. 그것은 민족주의와 사회주의가 아니라 친일 매국자들과 애국 독립운동가라고 주장했다. 그러나 당시 미군정의 관심사는 오로지 소련의 영향력을 막는 것이었고, 그 방법론이 한국의 좌익 세력과 적대적 관계를 취하는 것이었으며, 친일파에게 장악된 경찰은 좌익과 싸우는 중요한 무기로 기능했다. 미군정의 한 공식 자료에 의하면 일제하 식민지 경찰 가운데 조선인이 10,000명이었는데, 이 가운데 80%가 미군정 경찰로 재임용되었고, 그 외 이승만 지지자들이 대거 경찰에 채용되었다. 일본의 항복으로 조선은 해방되었지만 친일파들은 미군 점령 하에서 국립경찰로 환생한 것이다.

위당 정인보는 미군정이 좌익을 탄압하는 것에 대해서 공산주의자들 역시 일제 치하에서 애국적 민족주의자였음을 탄원했다. "중국은 매우 좋은 친구였으나 힘이 없었고, 미국은 힘이 있으나 멀리 떨어져 있었으며 러시아는 우리와 인접했기에 우리와 함께 일본에 대한 증오를 공유했다."는 것이다. 그리고 "조선인들은 러시아 방식이 일정 부분 도움이 될 것이라고 생각했고, 이는 공산주의가 어떻게 우리 토양에 뿌리내렸는지를 설명해주는 것"이라고 말했다. 조선은 일제를 몰아내기 위해 소련의 도움을 받았고, 조선 공산주의는 민족주의라는 비료로 풍성해졌으며 공산주의가 일정 부분 인민을 장악할 수 있었던 것도 대중들의 심중에 공산주의자들에 대한 오래된 애국주의적 이미지가 남아 있기 때문이라고 했다. 월남 이상재도 "민족주의는 사회주의의 근원이며, 사회주의는 민족주의의 본류"라고 말했다.

【6·25전쟁과 심리전】

브루스 커밍스는 한국 전쟁의 기원을 미군정의 '인민위원회 탄압'에서 찾았다. 대다수의 군사적 충돌은 미국이 다른 나라의 자결권을 간섭하고 개입함에서 일어났다는 것이다. 최기환 역시 한국전쟁의 원인을 미국에서 찾는다. 그는 미국이 북침전쟁을 남침전쟁으로 뒤바꾸고 자유와 평화를 수호한다는 미명하에 UN을 끌어들인 침략전쟁이었다고 주장했다. 이는 미국가안전보장회의(NSC) 미육군성의 문서들을 근거로 한 것인데, 미국의 한국전쟁 유발 계획이 1949년 3월부터 성안되어 있었고, 1949년 6월 27일에 완성된 미육군성비망록에는 한국에 있는 미군 철수 후 남침을 UN안보이사회에 긴급 제소하여 개입하는 방략을 상정하였음을 기록하고 있다. 이를 뒷받침하는 자료가 1949년 6월 25일 남북의 민전(민주주의민족전선)이 통합되어 결성된 조국전선(조국통일민주주의전선)의 조사보고서이다. 조국전선 조사위원회는 1949년 중반 38연선에서 남한 군대와 경찰대들이 이북에 침입하여 폭행과 학살, 납치, 이북 촌락들에 대한 방화와 파괴, 북조선 주민들에 대한 약탈, 방화 등을 자행하는 사진을 첨부하여 보고서를 제출했다. 그리고 1949년 9월 16일 38연선에서 북한과 전투를 벌인 남한의 제11연대의 활동이 1명의 미군 대위와 3명의 미군 중위의 지휘에서 비롯되었다고 진술했다. 또한 조사위원회는 38연선을 넘은 북침과 폭행은 전쟁을 도발시키려는 목적을 가진 것이라는 보고서를 UN에 발송했다. 지속되는 38연선의 국지전은 북측으로 하여금 38연선의 무장력을 강화시키는 요인으로 작용했고, 이승만은 연초부터 "유엔조선위원단의 방조 하에서 평화적 방법으로 북조선을 병합시키지 못하면 자신의 군대가 반드시 북조선으로 진군"(1949.2.7.)해야 된다고 발언했다

1950년 6월 25일 그날도 북한군은 남한군이 북한 경비대의 진지를 돌파하고 침공해 왔음을 알렸다. 그리고 분별없는 전쟁 행위를 즉각 중지할 것과 침공을 중지하지 않을 경우 침략을 제압하기 위한 결정적 대책을 취하게 될 것과 이로 인한 모든 결과는 남한 측이 지게 될 것이라고 엄중히 경고하였다. 그러나 북한의 요구와 경고는 아무런 반응도 얻지 못했고 38도선 이북에서의 전투 규모는 점점 확대되어 갔다. 6월 27일 UN안보이사회에는 이북을 침략자로 제소한 미국결의안을 상정하였고, 트루먼은 공식적인 성명을 통하여 미국은 UN의 결정에 따라 한국을 원조하기 위해 행동을 취하게 되었다고 세계를 향해 선포했다.

최근 TV 탐사 프로그램 «뉴스타파»가 공개한 자료에 의하면 1950년 8월부터 미군은 한국 전역의 도시 곳곳을 네이팜탄으로 군인-민간인 가릴 것 없이 무차별 폭격을 가했다. 1950년 8월 16일 포항 용한리에 폭격이 가해지자 민간인들과 피난민 1,000여 명이 해안가로 떠밀려 왔다. 그러자 미군은 기총사격을 가했다. 당시 해안가는 핏물과 바닷물이 섞여 그 참상은 이루 말할 수 없었다고 한다. 또한 8월 29일에는 포항 칠포리를 폭격하여 500여명의 민간인이 사망하고 50여 가구가 전소되었다. 인천상륙작전 때는 미리 월미도를 집중 폭격하여 초토화시켰다. 100여 가구가 순식간에 불타고 주민 대다수가 불에 타 죽었으며 화염을 피해 해안가로 피난한 사람들에게는 기총사격을 가했다. 한국전쟁 동안 쏟아 부은 네이팜탄은 3만여 톤에 달했고, 이는 태평양전

쟁에서 일본에 투하했던 양보다 2배가 많다. 일본은 네이팜탄 15만개를 대량 생산해서 미군에 납품했고, 미군은 이와쿠니 기지에서 폭격 준비를 하여 한반도로 날아와 대부분의 도시를 무차별 폭격으로 초토화시켰다. 포항, 인천, 서울, 대전, 왜관, 흥남, 평양, 원산, 청진, 함흥이 그 대표적인 도시이고 특히 평양과 원산이 가장 초토화되었는데, 오늘날 원산폭격이라는 말이 일상어에서 쓰일 정도로 그 모든 시설의 파괴와 살상은 상상을 초월하는 것이었다. 미군은 정전협정 당일에도 북한을 폭격했다. 그리고 한국전쟁이 멈춘 이후에도 주한 미8군은 전단(삐라)과 방송을 통한 심리전을 지속했다. 전단(삐라)의 그림은 남한의 도덕 교과서에 그대로 실려 반공교육에 활용되었다. 전단은 북한을 흉악한 뱀, 이리, 늑대 등 사악한 동물로 이미지화하고, 악마화함으로써 비인간화시켰다. 또한 미국은 1953년 한미상호방위조약 체결로 공산주의 위협과 남침으로부터 보호한다는 명분으로 한국의 군사적 지배를 구조화하고 전시작전 지휘권을 장악했다.

【북한의 시간, 반제(反帝)의 주체】

남한 언론은 북한이 무력 통일과 적화통일을 노리고 있다고 주장하지만, 북한은 결코 무력에 기초한 통일이나 적화통일을 명문화한 적이 없다. "온갖 외세의 간섭을 철저히 배격하고 강력한 국방력으로 근원적인 군사적 위협들을 제압하여 조선반도의 안전과 평화적 환경을 수호하며 민족 자주의 기치, 민족대단결의 기치를 높이 들고 조국의 평화통일을 앞당기고 민족의 공동번영을 이룩하기 위하여 투쟁한다."고 되어 있을 뿐이다. 북한의 국호는 조선민주주의인민공화국, 국화는 목란이며 국기는 인공기이다. 표준시간은 그리니치 천문대 표준시간을 쓰다가 2015년 평양을 기준으로 30분 앞당겼다. 이는 제국주의적 시간관에 대한 거부라고도 볼 수 있다. 그러나 2018년 남북정상회

담이 이루어지면서 김정은의 제안으로 평양시간을 서울시간과 통일시켰다. 또한 북한은 예수의 생일을 기준으로 하는 서기를 쓰기보다는 김일성의 생일(1912년)을 기준으로 하는 연호를 쓰고 있다. '주체' 연호는 김일성의 '항일 사회주의 반제투쟁'의 공적을 기리어 공식 채택된 것인데, 1997년, 북한정부수립일인 9월 9일부터 사용되었다. 북한의 노동당기도 독자적인 면모를 보인다. 여기에는 망치, 붓, 낫이 그려져 있는데, 붓은 다른 사회주의 국가에서는 찾아볼 수 없는 상징이다. 그리고 무엇보다도 북한 사회를 이끄는 것이 주체 철학인데, 주체철학은 1930년 길림성 카륜회의, 타도제국주의동맹 결성에 기점을 두고 있다. 1982년에는 김정일의 이름으로 ‹주체사상에 대하여›가 발표되었는데, 일반적으로 김정일이 주체사상을 체계화한 것으로 알려져 있다.

'주체'는 북한의 고유성을 형성하는 근간으로서 항일에서 항미로 나아가는 반제국주의 투쟁에서 형성된 것이었다. 제국주의로부터 자주와 존엄, 주권과 독립을 지켜내는 것은 곧 민족해방이자 인간해방의 길이며 그 길을 인도하는 것이 '주체의 인본주의'이다. 주체는 정치, 경제, 군사, 철학, 문화 등 전 분야에 스며들어 있다. 주체는 내부적으로 주체사상의 사회역사관인 자주성을 실현하고, 대외적으로는 미국과 일본에 대한 '반제국주의(反帝國主義) 자주노선', 그리고 소련과 중국 등 사회주의 대국의 영향(간섭)으로부터 독립을 추구하는 '반대국주의(反大國主義) 자주노선'을 의미한다. 제국과 대국으로부터 주체를 실현하는 것은 험난한 길임에도 불구하고 북한은 "민족이 자유일 때에만 자기 자신을 해방할 수 있다"고 말한다. 또한 주체란 "우리의 것을 사랑하고 귀중히 여기는 것이 바로 조국애이며 주체"라고 가르친다. 주체를 세운다는 것은 곧 "자기의 것, 자기 나라의 것을 사랑하고 더욱 빛내여 나가는 과정에 발현되는 구체적인 사상 감정"이다. "자기 나라의 것을 사랑할 줄 모르고 자기 인민이 이룩해 놓은 창조물들과 귀중한 전통을 아끼고 사랑하는 대신 남의 것보다 못하게 여기면서 천시하는 것은 허무주의, 사대주의의 표현"이라는 것이다.(『인민교육』, 2019) 반제의 민족해방과 이 과정에서 형성된 주체를 이해하지 않고는 북한 사회를 이해할 수 없을 것이다.

김일성은 임종을 앞두고 "식민지 나라들에서의 진정한 민족주의와 진정한 공산주의 사이에는 사실상 깊은 심연도 차이도 없다."고 말하면서 "나는 지금도 우리 공산주의자들이 민족을 위해 한 생을 바쳐 싸운 그 목적과 이상이 실현되고 7천만 겨레가 통일된 조국강토에서 세세년년 복락한다면 그것이 바로 동학렬사들이 바라던 그런 세상, 그런 지상천국이 아니겠는가."하였다. 북한의 시계는 반제와 주체, 두 개의 바늘로 돌아가고 있다.

정혜정

◈ 전공은 동학사상이다 ◈ HK사업으로 원광대에서 '마음인문학'과 '동북아시아 연대' 프로젝트를 9년 동안 진행했다 ◈ 현재는 「일제하 동학사상의 전개와 북한의 동학·천도교 이해」라는 주제로 동국대 갈등치유연구소에서 학술연구교수 프로젝트를 수행하고 있다 ◈ 저술로는 『동학의 심성론과 마음공부』, 『몸-마음의 현상과 영성적 전환』, 『백년의 변혁: 촛불에서 3.1까지(공저)』 등이 있고, 역서로는 스리 오로빈도의 『진리의식의 마음(공역)』, 오상준의 『동학문명론의 주체적 근대성』이 있다

인간의 본성과 문화

김동민

【빈 서판(Blank Slate)론 비판】

그리핀(Griffin, 2009/2012)은 커뮤니케이션 이론을 객관적 접근과 해석적 접근으로 구분하면서 인간의 본성과 관련해서는 결정론과 자유의지로 설명했다. 이런 얘기다. 인간의 행동에 대해 결정론은 유전과 환경의 결과라고 주장하고, 자유의지론은 자발적이라고 주장한다는 것이다. 그리고 행동주의 과학자는 인간 행위를 인간의 의식이 미치지 않는 외부의 힘에 의한 것으로 설명한다고 한다. 자유의지를 배제하는 것이다. 반면에 해석학자는 인간의 행동을 자유의지의 결과로 인식한다고 한다. 그리고 자유의지에 관해 만화를 하나 소개했다.

A : 너는 뇌의 화학작용이 사람들의 행동을 통제한다고 생각하니?

B : 당연하지.

A : 그러면 우리가 사람들의 행동을 비난하는 이유는 무엇이지?

B : 왜냐하면 사람들은 자신이 선택한 행동을 수행할 자유 의지가 있기 때문이야.

A : 그럼 '자유 의지'는 뇌의 일부가 아니라는 거니?

B : 당연히 뇌의 일부이기는 하지만, 자유롭게 있는 부분을 말하는 거야.

A : 그러면 '자유 의지'란 물리의 자연법에서 제외되는 뇌의 부분이라는 거구나.

B : 맞아. 그렇지 않으면 우리는 사람들의 행동 그 어떤 것에 대해서도 비난할 수 없겠지.

A : 뇌의 '자유 의지' 부분이 뇌에 붙어 있다고 생각하니, 아니면 근처에 떠다니고 있다고 생각하니?

B : 그만해!

이 대화 내용에 대해 그리핀은 아무런 언급이 없다. 둘 중 누구의 말이 옳은지 판단을 해주어야 하는데 말이다. 결정론이 인간의 행동을 유전과 환경의 결과로 본다는 것은 대체로 옳은 인식이다. 구체적으로 설명하자면 인간의 행동은 타고난 유전자 프로그램의 영향을 받는 동시에 후천적 환경의 영향도 받는다. 중요한 것은 유전과 환경의 영향은 물론이고 동시에 둘 사이의 상호관계도 과학적으로 설명할 수 있어야 한다는 점이다. 그러나 인문사회 계열의 모든 이론들은 유전에 관한 부분은 생략하면서 인간의 행동을 환경 요인에 의한 것으로만 접근한다. 경험과학의 한계다. 행동에 대한 관찰과 해석만 있고, 행동의 근원에 대해서는 설명이 없는 것이다.

A, B 두 사람의 대화에서 자유 의지에 대해서도 마찬가지다. 자유 의지는 뇌의 일부이기는 하지만 뇌와 관계없이 독립적으로 기능을 한다는 것인가? 인간의 행동이 뇌의 명령에 따른 것이라면 잘못된 행동에 책임을 물을 수 없다. 뇌의 잘못이 되기 때문이다. 그게 아니고, B의 주장처럼 "뇌의 일부이기는 하지만, 자유롭게 있는 부분"이라면 뇌의 책임이 아닌 게 된다. 뇌의 일부이지만 책임에서 자유롭고, 물리 법칙에서 제외되는 부분이 있을 수 있는가? 그럴 수는 없다. 이걸 분명히 해야 인간의 행동에 대한 온전한 설명이 가능하다. 뇌 과학의 도움을 받아야 하는 것이다.

소크라테스는 무지의 자각, 즉 모르는 것을 안다는 사실이 진리 인식의 출발이라고 했다. 아포리아(難點)에 직면했을 때, 그 난관을 돌파해야 전체의 맥락을 파악할 수 있다. 사회과학자들에게는 자연과학이 무지를 자각하게 되는 아포리아다. 돌파해야 한다. 그러나 그 지점에서 돌파하기를 포기한다. 이 과정을 생략하고 인간의 행동을 유전과 환경으로, 그리고 결정론과 자유 의지로 구분하고 마는 것은 지적 태만이다. 요약하자면, 인간의 행동이 유전과 환경의 결과라는 인식은 정확하지만 유전에 대한 학습이 결여되어 있으니 자유 의지에 대한 결론을 내리지 못하는 것이다.

지난 호에서 우리는 브로노프스키와 스노우를 관통하여 매클루언까지의 지적 흐름을 살펴보았다. 모두 인문학과 자연과학의 융합을 강조하고 실천에 옮긴 제너럴리스트들이었다. 이 맥락에서 주목해야 할 사람이 세이건이다. 지난 호에서는 그의 『코스모스』를 언급했는데, 이번에는 『에덴의 용』을 살펴보기로 한다. 세이건은 천문학자로서 인문학과 자연과학의 제 분야를 두루 섭렵한 제너럴리스트였다. 『에덴의 용』은 바로 뇌와 인간 행동에 관한 이야기다. 세이건(1934~1996)은 브로노프스키(1908~1974)와 스노우(1905~1980), 그리고 매클루언(1911~1980)과 함께 20세기의 비슷한 시대에서 인문학과 자연과학을 넘나들며 활동한 제너럴리스트라는 공통점을 갖는다. 특히 세이건은 브로노프스키가 The Ascent of Man('인간 등정의 발자취')에서 말했던 "인간의 문명은 과학의 문명이다. 그것은 지식과 지식의 보전이 우리 문명의 존재 기반이라는 말이다. 과학은 단지 지식을 의미하는 라틴어일 뿐이다. (…) 지식은 우리의 운명이다."라는 말로 책의 대미를 장식했다.

『에덴의 용』은 세이건이 뇌 과학의 초기 성과를 학습하고 인류 지성사에 적용해 놓은 책이다. 1978년 문학 부문 퓰리처상을 받았을 정도로 문장이 수려해 흥미진진하게 읽을 수 있는 책으로서 인류가 다른 동물들과 달리 어떻게 해서 최고의 지성 반열에 오르게 됐는지 설명하고 있다. 인간의 뇌는 어류의 뇌에서 시작해 파충류의 뇌를 거쳐 포유류의 뇌로 발전한 진화의 산물이다. 그 중에서도 대뇌의 전두엽 부분 신피질의 발달은 압도적이다. 『에덴의 용』을 읽어 보면 인간의 행동을 연구하는 사회과학자들에게는 뇌 과학의 지식이 사회현상 연구에 보물과 같은 존재라는 사실을 깨닫게 될 것이다. 뇌 과학에 이어서 진화론, 진화심리학, 물리학까지 범위를 넓히면 금상첨화다. 이것이 바로 융합이며, 융합이야말로 창의성의 원천이다.

> "창의성이란 독창성을 향한 내면적 추구다. 창의성의 원동력은 새로운 것을 좋아하는 인간의 본능이다. 새로운 실체와 과정의 발견, 기존 도전 과제의 해결과 새로운 과제의 발굴, 예기치 않았던 사실과 이론의 심미적 놀라움, 새로운 얼굴의 기쁨, 새로운 세계의 전율 같은 것들이다. 우리는 창의성이 일으키는 감정 반응의 크기에 따라서 창의성을 평가한다. 창의성을 좇아서 안으로는 우리가 공통으로 지닌 마음의 가장 깊은 곳으로 들어가고, 바깥으로는 우주 전체의 실상을 상상한다. 성취한 목표는 또 다른 목표로 이어지고, 탐구는 결코 끝나지 않는다."

생물학자 윌슨(Edward Wilson)의 최근 저서 『창의성의 기원』의 서두를 장식하는 내용이다. 무지의 자각과 아포리아의 극복이 창의성의 기초라는 사실을 알 수 있다. 이는 바로 문화에 대한 설명이기도 하다. 문화는 독창성을 향한 모든 창의력의 산물이다. 인간은 눈앞에 보이는 것의 실체를 알아내려고 하는 성질을 가지고 있다. 다른 동물들에게서는 찾아볼 수 없는 인간 고유의 성질이다.

"창의성을 좇아서 안으로는 우리가 공통으로 지닌 마음의 가장 깊은 곳으로 들어가고, 바깥으로는 우주 전체의 실상을 상상한다."라고 할 때, 마음의 가장 깊은 곳으로 들어간다는 것은 깊이 생각한다는 것이다. 깊이 생각한다는 것은 다양한 분야의 지식이 축적되어 있어야 가능하다. 우주에 대한 상상도 뇌의 같은 기능이다. 문제는 이 기능이 선천적으로 타고난 것이냐, 후천적 경험으로 터득된 것이냐 하는 것이다. 윌슨은 본능이라고 했지만, 인문사회 계열 학자들은 오로지 경험만을 신봉한다. 인간은 백지 상태로 태어나 모든 기능은 자라고 성장하면서 경험적으로 형성된 것이라는 인식이다. 이른바 빈 서판(Blank Slate)론이다.

빈 서판이라는 것은 사람이 태어날 때 아무것도 기록되어 있지 않은 깨끗한 태블릿과 같은 상태로 태어난다는 주장이다. 물론 과학적 근거가 없는 주장이다. 빈 서판이라는 개념은 경험론의 원조인 로크로부터 연유한다. 인간의 마음을 백지라고 가정했을 때, 그 백지를 채우는 것은 경험이라는 주장이다.(Pinker, 2016) 그 주장을 사회과학의 공리로 명토박아 놓은 이가 뒤르켐이다. 빈 서판론을 신봉하는 경험주의 학문은 반쪽의 과학일 뿐이다. 빈 서판론을 탈피하고 경험론의 한계를 극복함으로써 사회과학을 명실상부한 과학의 반열에 올려놓아야 한다.

【현상과 실재】

하늘을 낮에 올려다보면 태양과 구름, 그리고 가끔은 금성을 볼 수 있다. 우리는 그게 전부가 아니라는 것을 안다. 눈에 보이지는 않지만 무수한 별들이 하늘을 가득 채우고 있다는 사실을 알고 있는 것이다. 밤하늘을 가득 채운 별들이 전부가 아니라는 사실도 안다. 바다 위 빙산의 일각은 눈에 보이는 것이지만, 바다 수면 아래 보이지 않는 훨씬 덩치가 큰 존재가 있다는 사실도 알고 있다. 눈에 보이는 것을 현상이라고 한다. 그처럼 눈에 보이는 현상은 실재가 아니다. 실재는 보이지 않는 곳에 있다. 진실은 보이지 않는 곳에 있다는 사실이다.

서양의 과학은 보이지 않는 실재를 확인하고자 했던 고대 자연철학자와 인문학자들의 집념의 산물이다. 반면에 동양은 현상의 영역에서 사람 사는 도리를 깨우치려고 했다. 현상은 경험적이다. 경험적이라는 말은 감각기관으로 확인한 결과로서의 현상을 의미한다. 보고 들은 경험을 근거로 판단하는 것이다. 그런데 인간의 경험이라는 것은 한계가 있다. 하나의 대상에 대해 보는 사람마다 생각이 다를 수 있고, 같은 사람이라도 어제의 생각과 오늘의 생각이 다를 수 있기 때문이다. 보편적이지 않은 것이다. 실재가 될 수 없는 현상의 한계일 수밖에 없다. 과학이란 동일한 방법론으로 관찰했을 때 같은 결과를 내놓아야 하는 법이다.

현대의 사회과학은 경험과학이라고 한다. 경험의 영역을 연구 대상으로 삼는다는 것이다. 따라서 당연히 사회과학에서 실재의 추구는 없다. 사회과학은 인간의 행동에 주목하고 생각을 확인하려고 한다. 많은 사람들의 행동을 관찰한 결과를 모아 경향을 찾아내고, 생각들을 모아 다수의 의견을 확인한다. 그 결과를 보편적이라고 인정하기는 어렵다. 실재는 일관성 있는 보편성을 가지게 되는데, 이 결과는 경우에 따라 바뀔 수 있기 때문이다. 과학이라고 인정하기에는 치명적인 결함을 지니고 있는 셈이다.

슈뢰딩거의 고양이라고 하는 사고 실험이 있다. 양자역학의 선구자의 한 사람인 슈뢰딩거가 제기한 아이디어다. 밀폐된 상자 안에서 방사능이 붕괴되면 독가스 센서가 작동해 고양이가 죽게 되는 장치를 해 놓았을 때, 고양이는 살아 있을까? 죽었을까?

실재론은 데카르트를 거쳐 뉴턴에서 확인된 결정론을 전제로 한다. 태양계 행성들의 운동을 비롯해서 사물의 운동은 보지 않고도 수학의 계산만으로 그 위치와 속도를 확인할 수 있다는 것이다. 이를테면 이미 계산이 다 되어 있으므로 어느 시점에서 지구가 공전하고 있는 속도와 위치를 한 치의 어긋남도 없이 알 수 있다는 것이다. 우리가 달을 보지 않는다고 해서 없는 게 아니다. 결정된 궤적을 따라 운동을 하고 있는 것이다. 이게 결정론이다.

그런데 슈뢰딩거의 고양이는 다르다. 수학으로도 해결되지 않고 눈으로 확인해야 한다. 바로 실증론이다. 양자역학의 불확정성 원리는 고전역학의 결정론에서 벗어나 있다. 위치와 속도를 둘 다 동시에 확인할 수 없는 것이다. 위치를 확인하면 속도를 알 수 없고, 속도를 확인하면 위치를 알 수 없다. 전자와 같은 입자의 위치와 속도는 확률적으로만 확인할 수 있을 뿐이다. 슈뢰딩거는 결정론의 전통에서 확률을 인정하지 않았기 때문에 상자 속의 고양이의 사고 실험을 제시했던 것이다. 실증적으로 확인해야 한다는 것이다. 다만, 슈뢰딩거 방정식에 따라 양자의 위치는 보지 않고도 확률적으로 알아낼 수 있다. 결국 양자역학은 실증론을 성립시키면서 확률도 과학이라는 사실을 인정하게 만들었다. 그렇다고 해서 결정론이 폐기된 것은 아니고, 양자역학도 결정론에서 완전히 벗어난 것은 아니다. 즉 확률적 결정론이라고 한다. 거시세계는 결정론 차원의 실재론, 미시세계는 확률적 결정론의 차원에서 실증론으로 정리되는 것이다.

문화이론은 인문학자들의 합리주의적 해석과 사회과학자들의 경험적 연구로 구성되어 있다. 인간의 문화적 행동, 즉 인간이 창안해낸 결과물로서의 문화현상에 대해 연구하는 것이다. 그것도 주관적 해석이 대부분이다. 그리핀의 구분을 적용하자면 해석적 접근이 되겠다. 실재의 규명, 즉 현상의 이면에 감추어져 있는 본질에 대한 탐구는 매우 제한적이다. 마르크스나 그람시의 이론 등을 공리로 삼고 깊이 있는 분석을 하는 것 같지만, 그 이상도 이하도 아니다. 다시 말해서 사람들이 어떤 마음으로 그런 문화를 창안했는지에 대해서는 접근을 하지 않는다는 것이다. 인문학이나 사회과학의 대상으로만 간주하는 것이다. 자연과학적 접근은 고려의 대상이 아니다. 실재에 대한 규명을 방기하는 비과학적 태도라 하지 않을 수 없다. 인문적 접근은 그렇다 치더라도 과학의 이름으로 접근하는 사회과학은 과학의 이름에 값하지 못하는 것이다.

브로노프스키도 언급했듯이, 과학(science)이란 말의 어원은 라틴어 스키엔티아(sciéntîa)로서 '지식'이란 의미를 갖는다. 19세기 유럽에 유학을 갔던 일본인들이 서양의 학문은 동양과 다르게 분과(分科)로 되어 있는 것으로 인식하고 과학으로 번역해 쓰던 게 오늘날까지 보편적으로 사용되고 있지만, 검증된 지식이라는 의미는 살아 있다는 사실에 유념해야 한다. 그 맥락을 살피지 않으면 보편적으로 검증되지 않은 해석을 과학(지식)이라고 인식하는 우를 범하게 되는 것이다.

거듭 강조하건대 문화는 마음의 표현이다. 미국인은 70% 이상이 마음은 뇌에 있다고 생각하는 반면에 한국인은 80% 이상이 마음은 가슴에 있다고 생각하는 것으로 조사된 바 있다. 한국인들 대다수가 착각하고 있는 마음은 실제로 뇌의 뉴런과 시냅스의 활동이다.(이영돈, 2006) "우리가 마음(mind)이라고 부르는 뇌의 작용이 뇌의 해부학적·생리학적 특성을 반영하는 것 이상도 이하도 아니라는 것이다."(Sagan, 1977/2006, 15쪽) 그리고 세이건은 "우리는 인류 문화는 뇌량의 산물이라고 말할 수 있을지도 모른다."라고 했다.(Sagan, 1977/2006, 230쪽) 세이건이 이 책을 썼을 때는 뇌 과학이 각광을 받기 시작했을 때였다. 현재의 뇌 과학은 확실하게 문화를 뇌의 산물로 인정하고 있다. 도킨스의 이론으로 말하자면 문화란 뇌의 기획에 따른 인간의 확장된 표현형이다.

인간의 뇌는 진화의 산물이다. 물고기의 뇌에서 파충류의 뇌를 거쳐 포유류의 뇌로, 그리고 인간의 뇌로 진화해 왔다. 당연히 인간의 뇌에는 물고기의 뇌도 있고 파충류의 뇌도 있다. "사람 머리의 기본 구조는 이처럼 초라하게 시작했다. 이빨, 유전자, 팔다리가 장구한 세월에 걸쳐 변형되면서 기능의 재조정을 거쳤듯이, 머리의 기본 구조도 마찬가지 과정을 거쳤다."(Shubin, 2008/2009, 154쪽)

인간이 말을 하게 되고 사유를 함으로써 뇌의 부피가 늘어났다. 필요에 따라 계속 부피가 커지는 뇌는 좁은 공간에서 접혀질 수밖에 없었다. 그게 현재의 주름진 뇌다. 그만큼 면적이 넓어서 창의성을 발휘할 수 있는 능력이 최고조로 향상된 결과로서 지성인이 된 것이다. 자유 의지는 뇌의 종합적인 활동이지 뇌의 어느 부분의 작용이 아니다. 뇌의 일부이지만 물리의 자연법칙에서 제외되어 있는 부분은 물론 아니다. 과학이라면 추측이 아니라 검증된 사실을 추구해야 한다.

【본성과 양육, 혹은 유전자와 문화】

언어심리학과 인지심리학의 세계적 권위자인 핑커(Steven Pinker)는 생물학과 문화를 연결하는 다리로 마음의 과학인 인지과학, 인지신경학, 행동유전학, 그리고 진화심리학을 꼽았다. 모두 다 인간의 마음은 백지 상태로 태어나 오로지 후천적 경험에 의해 형성된다는 빈 서판론을 과학적으로 논박하는 내용들이다. 인지과학과 신경학은 인간의 행동은 뇌의 작용이라는 사실을 설명한다. 이를테면 문화도 뇌의 기획에 의해 만들어진 것이라는 얘기다.

행동유전학은 유전자가 행동에 어떻게 영향을 미치는가를 연구하는 학문이다. 요점은 유전자의 작은 차이가 행동의 큰 차이로 이어질 수 있다는 점이다. 유전자는 타고난 기질과 같은 것이다. 인간은 유전적으로 가장 가까운 침팬지나 보노보와 DNA 정보가 원천적으로 다르기 때문에 전혀 다른 행동을 하고, 침팬지와 보노보도 그러하다. 비슷하게 생겼지만 침팬지는 거칠고 보노보는 온화하다. 일란성 쌍둥이는 태어난 직후 떨어져 살다 성인이 되어 만나더라도 서로 친근감을 느끼고 비슷한 특성을 보인다. 물론 유전자가 절대적인 것은 아니어서 다른 환경은 다소 다른 문화를 형성할 것이다. 중요한 것은 문화가 유전자와 무관하지 않다는 사실이다.

다음으로 진화심리학이다. 진화론은 인간의 행동, 나아가서 인간 자체에 대한 이해를 위해서는 필수불가결의 학문이다. 모든 생명체와 마찬가지로 인간은 자연의 설계에 의해 즉 자연선택에 의해 현재의 신체구조로 진화해 왔다. 자연 선택이란 각각의 사소한 변이가 유용한 경우에 보존되는 원리로서 인간의 선택 능력에 대비되는 것이다.(Darwin, 1859/2019, 118쪽) 여기서 설계란, 인류의 진화의 과정에서 생존과 번식을 가능하게 해 준 환경에 의해 유전자에 새겨진 것이다. 진화의 과정에서 생존과 번식에 유리한 경우에 생긴 변이가 반복을 거듭하게 되면서 자연적으로 유전자에 보존된 것이다.

말은 본능적으로 어렵지 않게 획득되지만 글은 그렇지 않다. 말은 적어도

20만 년 전 구석기 인류에서부터 시작해 오랜 기간을 거쳐 유전적으로 타고 나게 되었지만, 글은 불과 5천년의 세월에 불과하기 때문에 유전자가 형성되지 않아 힘들여 노력해야 깨우칠 수 있다는 사실을 상기해 보면 이해할 수 있을 것이다. 현생 인류는 구석기시대에 유전적으로 완성되었다. 예를 들어 멀리 사냥을 다녔던 남자의 공간감각과 거주지 주변에서 채집을 하던 여자의 공간감각은 지금까지 전수되고 있다. 유전자는 수십만 년에 걸쳐 변이가 반복되면서 형성, 보존된 것이다. 인간의 마음(뇌)도 이러한 과정을 통해 설계되었다.

마음은 두뇌의 연산 기관들로 구성된 하나의 체계이며, 그 기관들은 식량 채집 단계에서 인류의 조상이 부딪혔던 문제들을 해결하기 위해 자연선택이 설계한 것이다.(Pinker, 1997/2016, 13쪽) 생존과 번식에 유리한 방향으로 진화된 결과라는 얘기다. 호흡을 하고 심장을 박동시키고 소화기관을 관장하며 감정의 본능적 행동을 주관하는 파충류의 뇌, 그리고 포유류의 뇌 가운데 가장 잘 발달된 인간의 대뇌와 (신)피질이 자연선택에 의해 설계됨으로 해서 이성과 감성의 조화를 통해 원시 환경에서 그때그때 판단하고 대응할 수 있었던 것이다. 그것이 바로 마음이다.

요약하자면, 인간의 본성은 타고난 유전자와 후천적 문화의 복합적 산물이라는 사실이다. 리들리(Ridley, 2003/2004)는 그 관계를 '본성 대 양육' 논쟁이 아니라 '양육을 통한 본성' 논쟁이 되어야 한다고 강조했다. 물론 "인간의 마음이 학습하고, 기억하고, 모방하고, 각인하고, 문화를 흡수하고, 본능을 표현하려면 유전자의 작용이 있어야 한다."는 사실을 전제하는 것이다.

유전자는 그릇이고, 문화는 그 그릇을 채우는 내용이다. 그릇에 어떤 내용을 채우느냐에 따라 한 사람의 본성은 양육되는 것이다. 인간은 성장하면서 그 사회의 문화에 적응하고, 때로는 변화를 주기도 한다. 갓 태어난 아이는 거의 파충류의 뇌 수준으로 태어나 3세가 될 때까지 성인 뇌의 75% 수준으로 성장한다. 그러니 이 시기 동안 보고 배운 것이 전두엽의 신피질 등에 깊은 인상을 주며 저장된다. 세 살 버릇 여든까지 간다는 옛 사람들의 격언은 진리인 것이다. 뇌는 7~8세가 되면 거의 성인의 뇌 크기로 성장한다. 중고등학교는 사회성을 익혀 가는 시기이고, 대개 25세까지 성숙의 과정을 밟으며 자신만의 세계관을 형성하게 된다.

밭에 콩을 심으면 콩이 나고, 팥을 심으면 팥이 난다. 콩은 유전자고, 밭은 콩의 환경이다. 어떤 토질의 밭에 심느냐에 따라 싹이 돋고 성장하는 콩 작물의 품질은 달라진다. 기후와 수질도 물론 영향을 미친다. 같은 콩을 아주 다른 토질과 다른 자연환경에 심으면 변이가 일어나고 반복되면서 종이 다른 콩이 될 것이다. 사람도 마찬가지다. 해를 보기 어렵고 추운 유럽의 북쪽 지역에서 터를 잡고 산 사람들은 지방질 섭취가 많아 피부가 희고 털이 많고 체격이 건장하다. 남쪽으로 내려와 아프리카 적도 지역 사람들은 반대로 자연 상태의 식물성 섭취가 많아 피부가 검고 털이 없고 체구가 작다. 아시아에서 중앙아시아와 서남아시아, 유럽으로 갈수록 눈에 띄게 사람들의 외양이 달라지는 것을 볼 수 있다. 식물이나 동물이나, 또 어떤 종들이나 모두 마찬가지다. 한 어머니에서 시작된 호모사피엔스가 지구 전역에 퍼져 살면서 변화해 온 모습이다. 양육을 통한 본성의 획득이요, 유전자와 문화의 상호작용인 것이다. 문화에 따라 유전자도 변한다. 인류는 원래 우유를 소화할 효소가 없지만, 유목민들에게는 그 효소가 생겨서 우유를 먹고도 배탈이 나지 않는다. 나라와 지역에 따라 문화가 다른 것도 같은 이치다.

발명왕 에디슨이 "천재는 99퍼센트의 노력과 1퍼센트의 영감으로 이루어진다."는 말을 했다고 한다. 실제 한 말의 취지는 이러했다. "1퍼센트의 영감이 없으면 99퍼센트의 노력은 소용이 없다. 무턱대고 노력만 하는 사람은 에너지만 허비하는 것과 같다." 1퍼센트라는 수는 상징적인 표현이고, 유전적 소질에 맞는 일에 후천적 노력이 결합되어야 소기의 결실을 거둘 수 있다는 말이다. 아무리 음악을 좋아한다고 해도 소질이 없으면 한계가 있는 법이다. 이렇게 인류 문명은 전두엽의 산물인 것이다.(Sagan, 1997/2006, 92쪽)

참고문헌

Griffin, Em(2009), *A First Look at Communication Theory*, 김동윤·오소현(2012), 『첫눈에 반한 커뮤니케이션 이론』, 커뮤니케이션북스.

Wilson, Edward(2017), *The Origins of Creativity*, 이한음 옮김(2020), 『창의성의 기원』, 사이언스북스

이영돈(2006), 『KBS 특별기획 다큐멘터리 마음』, 예담.

Darwin, Charles(1859), *On the Origin of Species*, 장대익 옮김(2019), 『종의 기원』, 사이언스북스.

Pinker, Steven(1997), *How the Mind Works*, 김한영 옮김(2016), 『마음은 어떻게 작동하는가』, 동녘사이언스.

Pinker, Steven(2016), *The Blank Slate: The Modern Denial of Human Nature*, 김한영 옮김(2017), 『빈 서판: 인간은 본성을 타고 나는가』, 사이언스북스.

Ridley, Matt(2003), *Nature Via Nurture: Genes, Experience, and What makes Us Human*, 김한영 옮김(2004), 『본성과 양육』, 김영사.

Sagan, Carl(1977), *The Dragons of Eden: Speculations on The Evolution of Human Intelligence*, 임지원 옮김(2006), 『에덴의 용: 인간 지성의 기원을 찾아서』, 사이언스북스.

Shubin, Neil(2008), *Your Inner Fish*, 김명남 옮김(2009), 『내 안의 물고기』, 김영사.

김동민

◈ 미디어 연구자로서 지난 10년 동안 자연과학 공부에 집중하면서 인문학과 자연과학의 융합학문 연구에 매진하고 있다 ◈ 저서로 『매클루언 미디어론의 자연과학적 해석』과 『미디어 빅히스토리 입문』이 그런 공부에 해당한다 ◈ 다음 저술에서는 인간의 본성이 유전자와 문화의 상호작용이라는 진화심리학을 적용하여 문화이론의 새로운 패러다임을 제시하려고 한다 ◈ 이 연재도 그 일환이다 ◈ 현재는 민주화운동기념공원의 소장으로 재직하고 있다

다시 열다

RE: OPEN

나를 반성하다

'함께철학'을 통한 나의 개벽

김지우

[편집실 주] 이 글은 서강대학교에서 경제학을 공부하는 김지우(26세) 씨가 2020년 가을학기에 서강대학교 철학과에 개설된 온라인 수업 ‹한국철학사›(강사 조성환) 강의를 듣고 쓴 감상문이다. 한국철학사 이해의 새로운 관점을 잘 표현해 주고 있고, '다시열다'의 취지에도 부합된다고 생각되어 필자의 동의를 얻어 본지에 수록한다.

【들어가며】

'반성.' 이 단어가 이번 학기에 ‹한국철학사› 수업 내내 심장에서 공명했다. 그동안의 나는 한국철학에 무관심했다. 한국에 그리 대단한 철학이 어디 있겠냐는 생각으로 살아 왔다. 고등학생 때 수박 겉핥기식으로 배운 서양철학으로 나 자신의 철학을 규정할 뿐이었다. 코기토적 개인주의자. 타자를 객체로 여기며 나 자신을 독단적 자유주의자로 여겼다. 당연히 인간 외의 생명은 인간인 나의 발전을 위한 도구라고 생각해 왔다. 이랬던 나의 우물 안 우주는 이번 학기 수업을 통해 무참하고 아름답게 깨졌다. 눈길조차 주지 않았던 한국철학은 생각보다 훨씬 위대했다. 타자와의 같음[同]은 물론 다름[異]까지 이해하며 타자와 함께하는 원효의 화쟁사상, 신분과 계급을 넘어서 모든 존엄한 사람들과 함께하는 세종의 공공(公共), 타인의 마음을 헤아리는 다산의 서(恕) 사상, 인간의 틀을 넘어 지구적 관점에서 자연과 함께하는 동학의 천지부모 사상…. 한국철학은 나와 다른 존재와 '함께' 하는 법을 수천 년에 걸쳐 체계적이고 거대하게 발전시키는 중이었다.

수천 년에 걸친 한국철학은 여타 지역의 학문보다 훨씬 실천적이었다. 책과 이론에만 머문 것이 아니다. 현실과 끊임없이 마주하며 더 평등하고 더 좋은 세상을 위해 고민해 왔다. 한국철학의 현실적이면서도 진보적인 힘을 느꼈을 때 충격에 휩싸였다. 지금까지의 나는 혁명과 폭력을 통한 발전이 가장 훌륭하다는 서구적 사고방식에 빠져 살았다. 그랬던 내가 삼일운동의 도덕·평화적 개벽의 힘, 그 힘을 촛불혁명이 온전히 물려받았음을 배웠을 때, 그동안 얼마나 편협한 사고로 한국철학을 재단했는지 뼈저리게 깨달았다. 이렇게 이번 학기는 처음부터 끝까지 나의 우물 안 우주를 깨뜨리고 반성하는 시간이었다.

욕심 같아서는 한국철학을 중심으로 서양 주류 사상을 하나하나 비판해 보고 싶지만 그러기에는 아직 철학이라는 학문 자체에 문외한이다. 그러나 적어도 나는 그 누구보다 '김지우'라는 한 인간의 25년 동안의 삶과 사상에 대해서는 전문적이다. 따라서 무리한 욕심은 버리고, 내가 가장 잘 아는 '나'에 대해서 비판하고 반성해 보는 시간을 가지려 한다. 한국철학의 '함께철학'을 차분하게 되짚어 보며 나의 독단적이고 인간중심적이던 우주를 처절하게 반성해 본다. 나아가 이 글을 통해서, 이번 학기 내내 느꼈던 심장 속 공명이 지구적인 나를 향한 개벽의 첫걸음으로 이어지기를 기대한다.

【삼국시대의 함께철학 : 생각과 사상의 다름을 넘어선 '함께'】

한국의 '함께철학'은 삼국시대부터 찾아볼 수 있다. 고구려, 백제, 신라가 삼국통일의 주역이 되기 위해 치열하게 싸우던 혼란기에 원효는 '함께'하기 위한 방법으로 동이(同異)의 화쟁(和諍)을 제시한다. 나와 다른 타자와 함께하기 위해서, "같음 속에 다름이 있고 다름 속에 같음이 있음"을 인정해야 한다. 원효는 서로 다른 것을 애써 같다고 포장하지 않고, 같은 것을 애써 다르다고 강변하지 않았다. 오히려 이러한 무리한 시도가 함께함을 방해한다고 주장한다. "설여불설(說與不說), 무이무별(無二無別)." 상반되고 별개의 개념처럼 보이는 것도 서로의 연관성을 보여주며 함께 어우러지게 하는 화쟁의 방식.[i]

혼란 가득했던 전쟁 속의 삶에서 얻은 교훈이었을까? 가장 근원적이면서도 본질적인 함께함의 방법은 애써 같아지려고 하지 않는다는 것. 사실 우리는 이러한 교훈을 자주 잊고 살아간다. 집에서든, 학교에서든, 사회에서든 -. 모든 사람이 같을 수 없다는 자명한 사실을 잊은 채 "왜 저 사람은 저렇게 생각하지?"라며 불만을 토로한다. 생각이나 사상이 완벽히 같은 사람을 찾는 것은 모래알에서 진주를 찾는 일보다 더 어렵다. 원효의 관점에서 보면, 오히려 다른 것이 당연하고, 다름 속에서 같음을 찾는 것이 함께함의 기본 원리라고 할 수 있지 않을까? 모두가 저마다의 이치와 논리에 따라 합리적인 생각을 품고 있다는 '개유도리(皆有道理)'의 정신. 그것을 잊지 않는 것이 함께함의 출발이라고 원효는 말한다.

생각과 사상의 다름을 넘어선 함께철학은 통일신라 말기의 최치원으로 이어진다. 최치원은 종교 간의 함께함을 추구했다. 그는 유교-불교-도교의 삼교(三敎)를 모두 아우르는 '풍류도'를 제시한다. 풍류도의 핵심은 유·불·도 삼교의 다름에 집중하지 않고, 각 종교의 고유하고 의미 있는 가르침에 집중하는 것이다. 이 대목에서 자연히 원효의 '개유도리'가 생각난다. 원효가 함께함의 방법으로 다름을 인정하라고 했던 것처럼, 최치원도 특정한 진리만을 고집하지 않았다. 어느 한 종교를 배제하지 않고 모두를 아우르고자 하는 사상적

---

i 조성환, ‹코끼리를 말하는 맹인›, 『개벽학당 한국철학사 강의안』, 2019년, 7쪽.

'어우러짐'을 지향하였다.[2] 유교에서는 충효를, 도교에서는 무위를, 불교에서는 선행을, 각각의 사상 속에서 함께할 수 있는 원리들을 끌어내며 사상의 융합, '포함삼교(包含三敎)'를 도모했다.

'포함삼교'를 통해 느낄 수 있는 함께함의 원리는 오늘날 21세기의 지구사회에서 매우 소중하다. 국제적으로 보면 인류는 여전히 사상과 종교의 다름을 이유로 서로를 배제하고 무시한다. 심지어 같은 신을 믿으면서도 믿는 방식이 다르다는 이유로 갈등하고 전쟁까지 불사한다. 국내적으로 보면, 우리 민족은 언어, 문화, 역사가 모두 같음에도 사상이 다르다는 이유 하나만으로 반백년이 넘게 분단되어 있다. 함께함의 실패는 서로에 대한 오해와 왜곡으로 이어지고 다름에만 치중하도록 만든다. 서로의 생각과 사상이 무엇이 다른가에 집중하는 것은 최치원이 말하는 함께함의 방법이 아니다. 끊임없이 서로 접하고 소통하는 '접화군생(接化群生)'을 바탕으로 서로가 서로에게 교화되는 방법을 모색해야 한다.

생각과 사상의 다름을 넘어서는 함께철학을 도모한 삼국시대의 원효와 최치원. 그들이 나에게 던지는 메시지는 강력했다. 머리말에서도 언급했듯이, 나는 그동안 '생각하는 나 자신' 외의 존재와는 함께하지 못했다. 의도적으로 함께함을 배척했다. 대신에 나만의 세상을 굳건히 지키며 나의 이성을 숭앙했다. 철저하게 코기토적 자아를 표방했고, 타자의 고유성을 받아들이지 않았다. 그렇게 사는 것이 올바른 삶인 줄 착각했다. 하지만 그 대가는 외로움뿐. 인간은 절대 홀로 존재할 수 없더라.

사실 '인간(人間)'이라는 글자 자체부터 "인간은 함께한다"는 진리를 함축하고 있다. 서로 함께하기 위해서는 모두가 각자의 고유성을 가지고 있음을 인정해야 한다. 원효의 '개유도리'가 그렇고, 최치원의 '포함삼교'가 그렇듯이-. 앞

---

2 조성환, ‹포함과 회통›, 『개벽신문』 제61호, 2017년 1+2월, 12쪽.

으로는 타자와 진정으로 통할 수 있도록 비어 있는 마음의 공간을 만들어 두자. 내가 옳은 만큼 남도 옳고, 남이 그른 만큼 나도 그를 수 있음을 인정하자. 좁디좁은 나만의 코기토적 우주를 깨뜨리고 나와 다른 우주와 어우러질 수 있는 화쟁. 그런 변화가 나의 발전이고 나의 개벽의 첫걸음이 될 것이다.

【조선시대의 함께철학 : 신분과 계급을 넘어선 '함께'】

조선시대의 '다름'을 꼽으라면 대표적으로 신분에서 비롯된 다름을 꼽을 수 있다. 조선시대가 철저한 신분제 사회였음을 감안하면 신분에서 비롯된 다름은 극복할 수도 없고, 극복할 생각조차 감히 할 수 없었을 것이다. 하지만 이러한 다름을 넘어서기 위해 노력한 위대한 철학자가 있었다. 그는 신분제 사회의 최정점에 있으면서도 최하위의 사람들과 함께하기 위해 노력했다. 대왕 세종이다.

세종의 정치철학은 처음부터 끝까지 신분과 계급을 넘어서 백성들과 함께하기 위한 고민으로 이루어진다. 한대(漢代)의 장석지(張釋之)가 법의 균형성을 중심으로 공공(公共)을 외쳤다면, 세종은 백성이 한자로 된 법을 알기 어려운 현실 속에서 공공(公共)을 말하였다. 그의 공공함에서 신분과 계급을 넘어서는 함께함의 원리를 배울 수 있다. 세종은 (왕에게는 어쩌면) 가장 타자였던 백성의 심장에 들어가서 온전히 그들의 입장이 되기 위해 노력했다. 백성과 함께하고자 했던 세종의 '여민공공(與民公共)' 정신은 훈민정음 창제를 통해 화룡점정을 이룬다. 말하고자 하는 바가 있어도 뜻[情]을 펴지 못하는 자들의 심정에 공감하여, 필생의 공력을 기울여 모두를 위한 문자를 창제한다. 과연 세상의 어느 왕이 이토록 백성과 함께하기 위해 자신의 일생을 바쳤을까? 신분과 계급이라는 제약에 가장 구속될 수밖에 없는 위치에 있음에도 불구하고 그 제약을 실질적으로 벗어나기 위해 평생을 바쳤다. 계급을 뛰어넘어 만인과 함께하려는 세종의 공공함. 그의 철학은 현대 사회의 보이지 않는 계급과 그로 인한 차별이 만연하는 세태에 경종을 울린다.

신분과 계급을 넘어서는 세종의 함께철학은 조선후기의 다산 정약용, 담헌 홍대용과 같이 위대한 사상가들의 실천적 함께철학으로 이어진다. 다산의 인간관은 세종의 공공철학과 궤를 같이한다. 다산의 공공적 인간관은 우리가 서로에게 의존적인 존재라는 중요한 진리를 함축한다. 인간은 서로 필요로 하는 존재이기 때문에, 항상 교류하고 만나면서[相交相接] 서로 바로잡아 주어야 한다. 다산은 한 발 더 나아가 '행사(行事)'라는 실천적 개념을 도입한다. 신분과 계급을 넘어서는 함께함은 단순히 좌선이나 명상 따위로 이루어지는 것이 아니다. 오로지 수양과 행사(=실천)를 통해서 함께함을 도모할 수 있다.

그의 이러한 수평적 인간관은 수직적인 상제관과 맞물려 더욱 빛이 난다. 다산은 신분이나 계급에 상관없이 인간은 절대 완벽할 수 없다고 생각한다. 그는 인간의 한계를 인정하며 그러한 한계를 보완할 방법으로 상제(上帝)에 대한 공경을 말한다. 상제를 공경함으로써 인간의 도덕적 나약함과 불완전성을 경계할 수 있다고 보았다.[3] 신분과 계급을 뛰어넘어 모든 사람이 자신의 불완전함을 깨닫고 하늘을 공경하며 살아가는 사회. 다산은 그런 사회 속에서 진실한 함께함이 탄생할 수 있다고 보았다.

조선시대의 함께철학을 통해 내가 얼마나 편협한 세상에 갇혀 살았는지 뼈저리게 반성하였다. 나는 소위 명문고등학교를 졸업하고 명문대에 다니면서 번듯한 아파트에 사는 넉넉한 집안의 사람이다. 부족함 없이 하고 싶은 공부를 하며 원하는 꿈을 좇아왔다. 따라서 어쩔 수 없이 꿈을 포기하거나 공부에 매진할 수 없는 사람들을 이해하지 못했다. 내가 따뜻한 방에서 편하게 공부할 때 누군가는 그 따뜻함을 얻기 위해 추운 공사판을 전전하는 삶을 살고 있다는 사실을 전혀 몰랐다.

3 박규태, 「한국의 자생적 근대성과 종교」, 『종교연구』 제35집, 한국종교학회, 2004, 125쪽.

세종의 공공함이 가장 먼 타자의 심정을 나의 심정으로 이관하여 생각할 때 이루어지는 것이라면, 나는 그러한 공공함과는 가장 거리가 먼 사람이었다. 표면적으로는 계급이 없는 사회에 살아가고 있기에 나의 위치는 순수하게 나만의 노력으로 얻었다고 생각했다. 하지만 이는 지독히도 잘못된 삶임을 세종과 다산의 철학을 통해 가슴 깊이 깨달았다. 나는 우물 안 개구리였으며, 불완전하고 나약한 인간에 불과했다. 진정한 함께함은 나랑 가장 다른 위치의 사람들과 소통하며 그들에게 응답하는 삶이다. 지금 나의 위치가 나만의 노력으로 얻은 것인지 끊임없이 반성하는 수양적 태도, 그러한 수양을 바탕으로 함께함을 실천하는 공공적 인간, 그런 인간이 되기 위해 끊임없이 노력해야겠다.

【근현대의 함께철학 : 인간을 넘어서, 자연과 지구와 '함께'】

19세기는 우리나라의 특히 아픈 연대의 시작점이다. 조선은 서구 열강의 각축장이 되어 버렸고, 중국과 일본의 패권 다툼에 혹독히 시달렸다. 결국 일본에 주권이 넘어가고 기나긴 식민 지배를 받게 된다. 하지만 시련이 혹독했던 만큼 철학은 발전했다. 특히 주목할 점은 동학을 중심으로 평등하게 함께하는 인간관이 구축되었다는 것이다. 해월 최시형을 거치면서 평등한 인간관은 인간을 넘어, 자연으로 확장되었다. 인간과 자연이 어우러지는 동학사상은 근현대 한국철학의 튼튼한 뿌리로 자리 잡아 식민 지배를 이겨내는 원동력이 되었다.

해월은 관계상에서의 상호연결성에 주목했다. 모든 존재는 천지를 부모로 삼는 연결된 존재이기에, 인간뿐만 아니라 모든 자연을 공경해야 한다고 말한다. 전 지구가 하나로 연결되어 있다는 사실에 주목하고 있는 서양의 '지구학'이 떠오르는 대목이다. 현대 지구학을 미리 알았기라도 한 듯, 해월은 인간의 활동을 단순히 인간의 관점에서 해석하지 않았다. 인간의 활동은 천인(天人)의 합작품이라며 자연과 인간은 서로 떠날 수 없다는 천인상여(天人相與)를 얘기한다. 자연은 절대로 인간만의 것이 아니고, 인간은 자연과 함께 살아가는 존재임을 강조한 것이다. 그가 살던 19세기는 인간만을 위한 서구의 기술이 천지를 지배하던 시대였기 때문에 해월의 생명평화사상은 너무나도 시의적절했다. 그는 문명의 이기가 지배하던 선천시대를 비판하며 만물이 동종·이종을 가리지 않고 기화(氣化)를 통해 함께 살아가는 세상을 꿈꿨다.

동학이 중심이 된 근현대의 함께철학은 폭넓게 확장했다. 기존의 한국철학이 사람 사이의 함께함에 주목했다면 해월의 철학은 인간과 자연의 함께함에도 주목하였다. 그의 함께철학은 신자유주의적 담론이 전 세계에 깊숙이 자리잡던 시점에 탄생했기에 더욱 빛이 난다. 신자유주의적 담론은 인간을 모든 존재에 앞선 일인자로 상정한다. 인간의 발전을 위해서라면 인간 외의 모든 존재는 수단에 불과하다. 해월은 후천시대의 인간은 천지를 섬기는 마음을 다하여 원초적 자연성을 회복한다고 했지만,[4] 지금의 신자유주의적 인간은 천지를 마음을 다하여 섬기지 않는다.

경제 발전을 위하는 일이라며 강바닥을 파헤쳐 물을 가둠으로써 강물의 물길을 왜곡하고 생태계를 파괴했다. 석탄발전소는 지구의 온도를 높이고 대기 오염의 주범이 되었다. 오염된 물과 공기를 마시며 자연과 인간은 조금씩 죽어 가고 있다. 인간만의 발전을 생각한 인간중심적 사상과 그에 따른 행동이 도리어 자연과 인간을 모두 옥죄는 모순을 일으킨다. 이런 맥락에서 동학의 지구학적 함께철학은 더욱 빛이 난다. 자연을 도구적 존재로 치부하는 것이 아니라, 자연과 함께 살아가야 한다는 동학의 생명평화사상, 인간을 넘어서 자연과 함께하는 동학의 함께철학은 인간·서구 중심적 사고에 경종을 울렸고, 세계관의 근본적 전환의 출발점이 되었다.

지구학적 동학은 신자유주의적 존재를 표방해 오던 나에게도 크나큰 가르침이었다. 그동안의 나는 일주일 내내 음식을 배달시켜 먹으면서 일회용품

4 황종원, 「최시형의 생태적 유토피아 및 도가, 유가적 유토피아와의 상관관계」, 『유교사상문화연구』 78호, 2019, 11쪽.

용기를 아무 생각 없이 사용하고, 동물실험에 반대하며 동물권 보호를 위해 운동하는 사람들에게 코웃음을 쳤으며, 기후 문제 따위의 추상적 위험으로 원전을 반대하는 사람들을 이상주의자라고 비꼬아댔다. 하지만 동학의 밥 사상과 김지하 시인의 생명 시들을 접하면서 내가 얼마나 편협한 사고에 갇혀 살았는지 깨달았다. 특히 올 한 해, 코로나 시대에 마스크 속 가쁜 숨을 몰아쉬며 맑은 공기, 투명한 물, 깨끗한 바람이 얼마나 소중한 것인지 늦게나마 자각하면서, 그 깨달음은 확신이 되었다.

인간은 절대 인간 홀로 존재할 수 없다. 인간이 인간으로 존재하기 위해서 다른 인간과 함께해야 하듯이, 앞으로 인간이 살아가기 위해서는 자연과 함께해야 한다. 우리는 모두 흙에서 나와 흙으로 돌아가는 존재다. 나의 생명을 유지시켜 주는 밥알은 흙에서 나왔다. 나의 목을 축이는 물과 과일도 흙에서 나왔다. 나의 건강을 지켜주는 맑은 공기도 흙과 자연의 일부이다. 이러한 자연을 도구적 존재로 치부하고 살아가기에는 인간인 나는 자연에 너무나 큰 빚을 지고 있더라.

【나오며】

초라함과 부끄러움. 글을 쓰는 내내 가슴에 일렁이던 감정들이다. 버젓하게 올바른 삶을 산다고 생각했는데 한낱 편협한 삶에 불과했다. 남을 대함에 있어 같은 것보다는 다른 것에 집중했고, 나의 위치에 취한 채 나머지 타자와 공감할 줄도 몰랐으며, 신자유주의적 담론에 빠져 자연과 상생할 생각은 추호도 하지 않았던 나. 그랬던 나이기에 이번 글쓰기는 너무나 소중했다.

삼국시대 원효의 화쟁부터 한국 근대의 동학까지, 한국철학사는 무엇과 어떻게 함께할 것인가에 대한 고민을 수천 년간 거듭해 왔다. 무엇과 함께할 것인지, 그 함께함의 대상은 시간이 흐를수록 확장됐다. 확장의 밑바탕에는 그 시대가 가장 필요로 하는 함께함이 무엇인지에 대한 치열한 고민이 숨어 있다. 삼국통일을 앞둔 혼란기의 원효의 화쟁이 그랬고, 철저한 신분제 사회에서 백성과 공감을 꿈꿨던 대왕 세종의 공공이 그랬고, 식민지 시기 우리 민중에게 희망을 불어넣은 수운과 해월의 사상이 그랬다.

서구의 철학이 개인의 이성을 중시하고 자유주의적 인간을 꿈꿨다면 한국의 철학은 함께함을 중시하고 어우러지는 인간을 꿈꿨다. 그랬기에 지금 이 시점에서 나를 포함한 우리 모두에게 한국철학 속 함께함의 역사가 갖는 의미는 남다르다. 기후 위기와 코로나 시대를 맞은 인류는 단 한 번도 걸어 보지 못한 길을 걷는 중이다. 기존의 인간중심적 신자유주의 담론은 앞으로의 길과 어울리지 않을 것을 우리 모두 느낀다. 내가 표방하며 살아오기도 했던 원자적 인간은 새로운 시대를 맞아 설 자리를 잃어 가는 중이다. 경계는 해체되고 경제는 통합되며 모든 분야에 걸쳐 함께함이 이루어지고 있다. 기존의 인간적 관점을 지구적 관점으로 전환할 때가 온 것이다.

이러한 맥락에서 그동안의 나를 한마디로 요약하면 "인간의 편견으로 세상을 바라봤던 우물 안 인간"이라고 생각한다. 그랬기에 한 학기 내내 초라함과 부끄러움을 느꼈던 것 같다. 지구가 인간을 기르고, 지구와 내가 함께하는 동포이자 하늘의 자식임을 깨닫는 것, 그 깨달음을 얻기까지 참으로 오랜 시간이 걸렸다. 최시형의 후천개벽이 지구적 관점으로의 전환이라고 하듯이, 관점의 전환 하나만으로도 이번 학기 수업이 내게 주는 의미는 거대했다. 한국철학이 함께함을 간절히 고민한 것처럼 나도 타자와, 자연과, 지구와 함께하는 법에 대해서 끊임없이 고민하려 한다. 그것이 나의 지구적 전환이자 다시 개벽이 아닐까?

‹참고문헌›

박규태, 「한국의 자생적 근대성과 종교」, 『종교연구』 35, 한국종교학회, 2004.

조성환, 「한국의 공공철학, 그 발견과 모색: 다산·세종·동학을 중심으로」, 『동학학보』 32, 동학학회, 2014.

조성환, 「포함과 회통」, 『개벽신문』 제61호, 2017년 1 · 2월 합병호.

조성환, 「코끼리를 말하는 맹인」, 『개벽학당 한국철학사 강의안』, 2019.

황종원, 「최시형의 생태적 유토피아 및 도가, 유가적 유토피아와의 상관관계」, 『유교사상문화연구』 78호, 2019.

김지우

◈ 말과 글을 좋아하며 함께 사는 세상을 꿈꾼다 ◈ 꿈은 거창하나 현실은 진로 앞에서 고뇌하는 평범한 대학생이다 ◈ 기자냐 변호사냐를 두고 햄릿 못지않게 갈등 중이다 ◈ 그래도 스스로가 좋아하는 것 정도는 깨달았다는 점 하나에 위안 받으며 살고 있다 ◈ 철학에는 사실 문외한이다 ◈ 이 글을 쓰게 된 '한국철학사' 수업이 대학 생활 중 첫 번째 철학수업이다 ◈ 변변찮은 나의 글을 좋게 봐주셔서 부끄러울 따름이다 ◈ 물론, 말은 이렇게 해도 집에서는 어머니께 입꼬리 씰룩거리며 자랑하는 마냥 철부지다

다시 말하다

RE: DIALOGUE

사이언스 픽션은 21세기 대한민국 사회에 어떤 메시지를 던져주는가

SF연구 분야 세계 최고의 권위자 "셰릴 빈트"교수를 만나다

셰릴 빈트
인터뷰어 유상근

셰릴 빈트 교수는 현재 캘리포니아대 리버사이드캠퍼스(UC Riverside) 영문학과 학과장이자 동 대학 ‹사변문학 및 과학문화 프로그램› 소장, 학술지 «사이언스픽션연구»(Science Fiction Studies) 편집장이다. 빈트 교수는 2019년 국제환상예술학회(International Association for the Fantasy in the Arts) 회장을 역임하였고, 학술지 «사이언스 픽션 영화 & 텔레비전»(Science Fiction Film and Television)의 편집장 및 창립자로도 활동하였다. 『사이언스 픽션: 혼란스러워 하는 독자들을 위한 가이드』(2014), 『와이어』(2013), 『동물 대체성』(2010), 『내일의 신체들』(2007), 『루트리지 사이언스 픽션 역사서』(2011) 등 다섯 권의 저서가 있으며, 다수의 책의 편집자로 일하였다. 생체기술에 관한 『21세기 사변문학 속 생 정치적 미래』(2021)의 출판을 앞두고 있다.

유상근은 서울대학교 영문과에서 학사와 석사학위를 받은 뒤 캘리포니아대 리버사이드캠퍼스(UC Riverside) 영문학과에서 사이언스 픽션 전공으로 박사학위를 수료하였다. 미 국무성 풀브라이트 장학생에 선발되었으며, 캘리포니아대에서 최우등 TA, 우등 TA, 국제학생 리더십상을 수상하고, «사이언스 픽션 영화&텔레비전», «미국학» 등 학술지에 논문을 기고하였다. MLA, SFRA, IAFA, AAS 등 다수의 국제학술대회에서 논문을 발표하였다.

이 인터뷰는 2020년 빈트 교수의 저서 중 한 권인 『사이언스 픽션: 혼란스러워하는 독자들을 위한 가이드』의 한국어판 번역 출판(한국어 번역본 『에스에프 에스프리-SF를 읽을 때 우리가 생각할 것들』, arte(아르테))에 즈음하여 미국 현지에서 진행되었다. 인터뷰를 진행한 유상근은 캘리포니아대 리버사이드 캠퍼스 영문과에서 5년간 셰릴 빈트 교수에게 박사 논문을 지도받으며 여러 연구를 함께 진행해 온 관계이다. 빈트 교수는 2018년 한국영어영문학회 국제학술대회 논문 발표 차 일주일간 서울에 방문한 바 있다.

ANIMAL ALTERITY
SCIENCE FICTION AND THE QUESTION OF THE ANIMAL
SHERRYL VINT

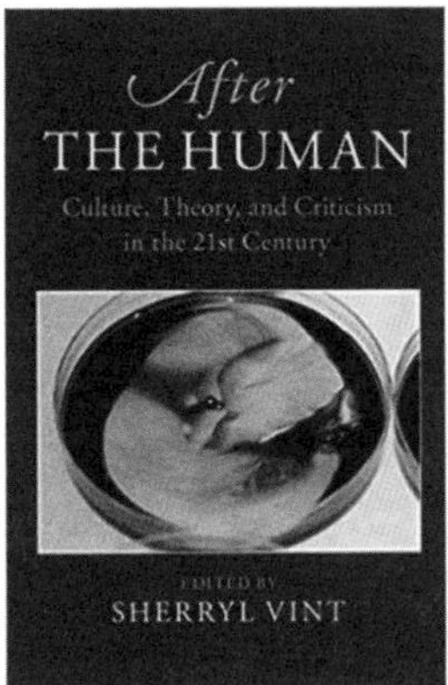
After
THE HUMAN
Culture, Theory, and Criticism in the 21st Century
EDITED BY
SHERRYL VINT

Technology, Subjectivity, Science Fiction
BODIES OF TOMORROW
SHERRYL VINT

SCIENCE FICTION

SCIENCE
FICTION
A Guide for the Perplexed
Sherryl Vint

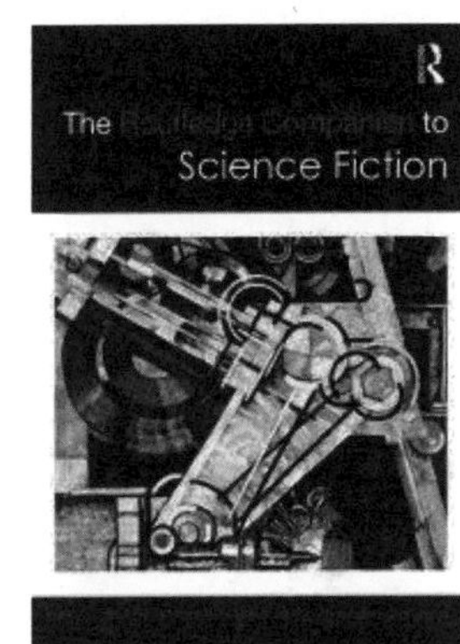
R
The Routledge Companion to
Science Fiction

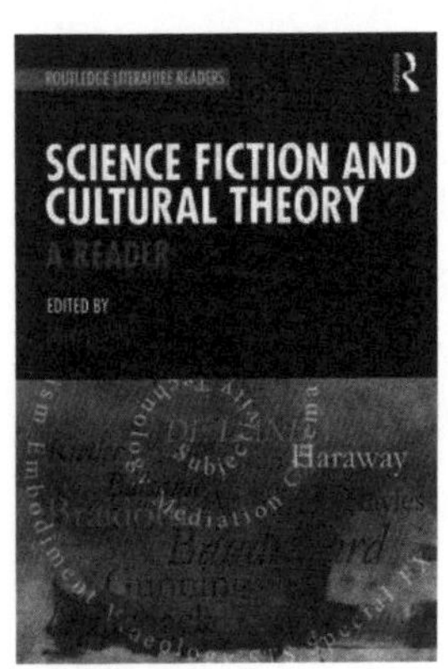
R
SCIENCE FICTION AND
CULTURAL THEORY
A READER
EDITED BY
Haraway

THE WIRE
Sherryl Vint

The Routledge Concise History of
SCIENCE FICTION
Mark Bould and Sherryl Vint
R

유상근 안녕하세요. 간단하게 자기소개를 부탁드립니다. 선생님 하시는 연구에 대해서도요.

셰릴 빈트 저는 캘리포니아의 UC리버사이드 대학의 교수이고, 여기서 사변문학과 과학문화를 연구하는 특별한 프로그램을 운영 중이에요. 이 프로그램에서는 사이언스 픽션이나 사변문학을 연구하지만, 단순히 문학 작품만 들여다보는 것이 아니라 오늘날 우리 세계에서 벌어지고 있는 일들의 맥락에서 연구를 하고 있습니다. 가령 점차 더 세계화되어 가는 우리 사회에서 우리 삶과 세계를 변화시키게 될 새로운 기술들 가령 스마트폰부터 자율주행자동차 등, 혹은 그 밖의 새로운 기술들이 만들어낼 사회적 변화들을 생각하면서 말이죠. 더불어 저희가 다루는 연구에는 유전자조작식품이라거나, 곧 좀 더 널리 사용될 복제동물 등 사회를 변화시킬 온갖 종류의 과학기술들에 대해서 연구하고 있습니다. 제가 다루고 있는 연구주제를 더 구체적으로 말씀드리자면, 현재 저는 생체기술에 관한 책을 마무리하는 단계에 있어서, 요즈음 합성생체 장기이식이라든지 유전자 조작 신생아와 같은 생체기술적 질문들에 대해 연구하고 있습니다.

유상근 최근 선생님 저서가 처음으로 한국어로 번역 출간 되었는데요. 소감이 어떠신가요? (셰릴 빈트 지음, 전행선 옮김, 전소연 해제, 『에스에프 에스프리—SF를 읽을 때 우리가 생각할 것들』, arte(아르테), 2019년 8월)

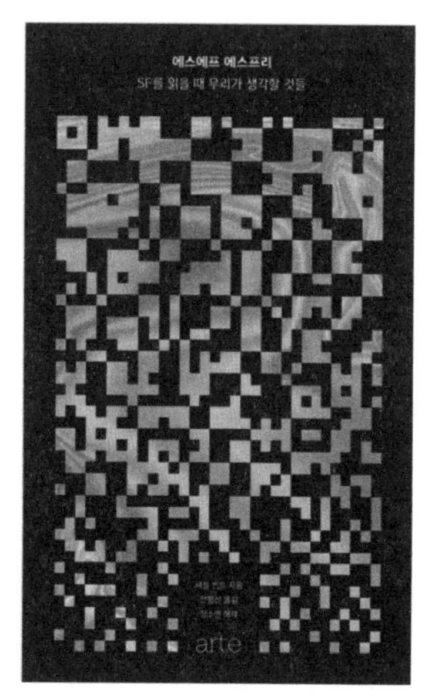

셰릴 빈트 아주 흥분됩니다. 출판사에서 표지를 아주 아름답게 만들어주셨어요. 세계 저편의 작가들과 대화하고 세계 저편의 독자들에 의해 제 책이 읽힌다는 것이 아주 흥분됩니다. 특히 요즈음 한국계 미국인 혹은 아시아계 미국인 사이언스

픽션 작가들이 서구 SF 분야에서 매우 성장하고 있다는 점을 고려할 때 더욱 흥분됩니다. 특히 저는 한국의 독자 분들께서 사변문학에 대해 어떤 대화들을 이끌어내는지 정말 보고 싶어요.

【사이언스 픽션, 혼돈에서 질서로】

유상근 사이언스 픽션이라는 장르에 대해서 아직 잘 모르시는 독자분들을 위해서, 선생님 책을 중심으로 사이언스 픽션이나 관련된 내용을 소개해 주세요. 이 책을 쓰시게 된 특별한 동기가 있으신가요? 이 책의 영어 제목이 "사이언스 픽션"이라는 본제목과 "혼란을 겪는 독자들을 위한 가이드"라는 부제로 되어 있어요(Science Fiction: A Guide for the Perplexed). 특별히 제목과 관련해서 많은 이야기들이 숨어 있을 것 같습니다.

셰릴 빈트 사실 그 부제는 제가 아니라 편집자가 덧붙인 거예요. 편집자의 선택이었어요. 그럼에도 불구하고 그 부제를 통해 전달될 수 있는 것은, 말씀하신 대로 사이언스 픽션이라는 장르에 대해 친숙하지 않은 독자들이 이 장르를 생각해 볼 수 있는 방법들을 소개하겠다는 것이었어요. 즉 어떤 사람이 사이언스 픽션을 좋아한다고 할 때, 사이언스 픽션의 어떤 점을 말하는 것인가를 보면, 우리는 주로 ‹스타워즈› 같은 영화들을 사이언스 픽션이라고 생각하는 경향이 있어요. 저는 이 책을 통해 다양한 사람들이 사이언스 픽션이 무엇인가를 생각하는 폭넓은 방식들을 보여주고, 사이언스 픽션이 소설과 영화 등을 통해 어떤 일들을 해낼 수 있는지를 보여주려고 했어요. 이 책에서 모든 종류의 매체와 책을 다루고 있지만, 이 책은 사이언스 픽션의 역사에 대한 책은 아니에요. 사이언스 픽션이라는 용어가 어떻게 생겨났는지에 대해 역사적 설명이 있기는 하지만, 본격적인 것은 사실 다양한 학자들과 관계자들이 SF를 어떻게 이해하고 있는지, 그리고 그러한 다른 이해를 통해 무엇을 하려고 하는

지를 설명하려고 해요. 그것이 이상적인 사회를 만들어내는 것이든 혹은 인류의 다음 발명품을 상상하는 것이든, 혹은 우리에게 닥칠 암울한 미래를 경고하는 것이든 말이죠.

【사이언스 픽션은 오늘 우리에게 어떤 의미가 있는가】

유상근 교수님은 이 책이 사이언스 픽션이 무엇인가를 궁금해하는 독자들을 위한 책이라고 말씀하셨어요. 제 다음 질문은 '사이언스 픽션이 한국 독자들에게 어떠한 의미가 있는가?'인데요. 한국에서는 사이언스 픽션은 여전히 상대적으로 최근에 서구로부터 수입된 장르로 인식되는 경향이 있고, 또 사이언스 픽션이 한국에서는 '공상과학소설'이라는 용어로 번역됩니다. 다시 말해서 "공상"과 "소설"이라는 말을 두 번이나 반복해서 쓰고 있어서 사이언스 픽션이 다른 소설보다 특별히 더 공상적이라는 것이 강조되고 있습니다. 이로 인해 역사적으로 한국 독자들은 사이언스 픽션이 아이들을 위한 장르라고 생각하는 경향이 있습니다. 교수님이 보시기에 사이언스 픽션이란 무엇인가요? 교수님 책에서도 여러 가지 서로 다른 정의들을 보여주고 있던데요.

셰릴 빈트 이 책은 부분적으로 사이언스 픽션의 정의에 대해 다루고 있어요. 서로 다른 학자와 작가들이 장르의 정의에 대해 주고받은 토론들 말이죠. 책을 읽어보시면, 각 챕터들이 그러한 각기 다른 정의들을 보여주고 있다는 것을 아실 수 있고, 이런 정의들이 사이언스 픽션 분야에 중요한 역할을 했어요. 그리고 사이언스 픽션을 그렇게 정의할 경우 그 각각이 어떤 의미가 있는가에 대해도 이야기하고 있죠. 사이언스 픽션이 언제 시작되었는가에 대해서도 논의가 많아요. 사이언스 픽션은 실제로 그 단어가 사용되기 시작한 1920년대에 시작된 것으로 보아야 할 것인가? 아니면 매리 셸리의 『프랑켄슈타인』(1818)을 그 출발점으로 보아야하는가? 많은 사람들이 프랑켄슈타인을 첫 사이언스 픽션이라고 생각하거든요. 이와 같이 이 책에서는 사이언스 픽션이 시작될 때부터 제기되었던 많은 질문들에 대해 다루고 있어요.

제 개인적으로는 사이언스 픽션은 과학과 기술이 우리 삶이 끼친 영향에 대해 다루는 문학이라고 생각해요. 따라서 SF는 과학에 대한 소설이지만 반드시 새로운 발명품에 대한 소설일 필요는 없죠. SF가 우주선이나 외계인 같은 요소들을 등장시킬 수도 있고 아닐 수도 있지만, 그러한 요소들이 SF를 결정짓는 것은 아니에요. SF는 과학이 어떻게 우리 일상에 중심에 들어오게 되었으며, 이와 같이 과학이 종교 대신 우리의 삶에 중심이 되었을 때 어떤 변화가 일어나는가에 대한 소설이라고 할 수 있어요. 어떠한 과학기술이 우리 사회의 구조를 변화시키는가? 저에게는 이러한 질문들이 SF의 진짜 가치이고, 제가 공부하고 읽고 싶은 SF라고 여겨져요. 제 생각에 지금의 세상은 과학과 기술이 우리 삶의 모든 영역들을 굉장히 빨리 변화시키고 있고, 우리는 이런 세상에서 어떻게든 그러한 변화들이 야기하는 것들과 타협하며 살고 있는 셈이죠.

【SF(사이언스 픽션)과 '사변문학'의 관계】

유상근 교수님 책을 보면 사변문학(speculative fiction)에 대해 설명하는 부분이 나오고, 서구와 미국의 학자들은 사이언스 픽션이라는 용어 대신에 '스페큘레이티브 픽션'이라는 용어를 점점 더 많이 쓰고 있어요. 한국어로는 "사변문학(思辨文學)"이라고 번역이 되는데, 한국에서는 별로 잘 쓰이는 용어가 아니죠. 그렇다면 서구 학계에서 왜 사이언스 픽션이라는 용어 대신 '스페큘레이티브 픽션"이라는 용어가 생기게 되었는지, 사이언스 픽션과 '스페큘레이티브 픽션'의 차이는 무엇인지 설명해주실 수 있나요?

셰릴 빈트 그럼요. 사변문학('speculative fiction', 이하 '사변문학')이라는 용어의 역사에 대해 간략하게 설명을 드릴 수 있을 것 같아요. 이 용어 역시 많은 학자와 작가들이 논쟁을 벌이는 용어이죠. 사변문학이라는 용어는 서구에서는 꽤 오래전에 생겨났고, 그 당시에는 그렇게 잘 통용되지 않았죠. 1940년대부터 쓰이기 시작했고, 60년대에 이르러 널리 쓰이기 시작했어요. 이 용어를 유명하게 한 것은 페미니스트 SF 비평가 쥬디스 메릴이라고 생각합니다. 당시 유명했던 사이언스 픽션 작가들, 가령 로버트 하인라인, 아이삭 아시모프, 아서 클라크 등이 과학을 제대로 묘사하고 물리학의 다음 영역을 탐구하고, 생물학의 다음 발전을 예상하는 등 과학적 부분을 강조했다면, 쥬디스 메릴과 당시 다른 작가들은 우리의 다음 사회적 실험은 무엇이 될 것인가? 우리는 가족을 어떻게 변화시킬 것인가? 우리의 젠더 개념은 어떻게 달라질 수 있을까? 만약 모든 사람이 3개의 젠더를 가진다면 어떨까, 혹은 젠더가 없다면 어떨까? 등등 소설이 사고 실험과 같은 기능을 하면 어떨까 생각하며 소설을 썼기 때문에 "사변적이다"라는 용어가 생기게 된 것이죠. 오늘날 많은 서구의 SF 작가들은 이게 판타지냐 아니면 SF냐 라는 질문에서 벗어나기 위해서도 사변문학이라는 용어를 선호하는데 이것은 판타지와 SF를 모두 아우를 수 있는 용어이기 때문이죠. 사변문학이라는 정의 내에서는 작가가 묘사하는 과학적 사실들이 반드시 정확할 필요도 없고, 그것이 궁극적으로 중요한 것도 아닙니다. 더불어 사이언스 픽션이라는 용어가 단순히 청소년을 위한 문학이라고 생각되는 편견도 있기 때문에 사변문학이라는 용어가 좋을 수도 있죠.

현재의 서구 SF에 대한 인식의 문제는, 사람들이 SF가 언제나 1920년대의 SF에 머물러 있는 줄 안다는 것입니다. 1920년대의 SF는 꼭 청소년을 위한 것은 아니었지만, 스타워즈의 경우처럼 우주 탐험 같은 것이 주로 나오다 보니 사람들은 SF를 청소년 문학과 동일시하고는 했죠. 그런 연유로 많은 사람들은 사변문학이라는 용어가 이 장르를 더 진지하게 표현한다고 보고 SF라는 용어보다 선호하는 것 같습니다. 물론 여전히 사이언스 픽션에 분류되는 소설 중에 가령 킴 스탠리 로빈슨의 소설 같은 것들을 보면 아주 진지하게 여겨지는 작품들도 있죠. 테드 챙의 소설들도 그렇고요. 이런 작품들은 과학과 논리에 대해 매우 진지하게 탐구하는 작품들인데 주로 사변문학보다는 정통 사이언스 픽션으로 분류되고 있죠.

유상근 사이언스 픽션이 더 나은 사회를 위한 생각의 도구 같은 것이 되었고, 그로 인해서 새로운 용어가 필요하게 되어서 사변문학이라는 용어가 사용되기 시작했다. 이렇게 이해하면 될까요?

셰릴 빈트 그렇죠. 그 시대 작가들이 SF가 꼭 과학에 관련된 것일 필요는 없다고, 과학의 중요성을 덜어내려 했던 것이고요. SF는 미래와 사회 구조에 대한 것일 수도 있다라는 것을 전달하려 했던 것이죠.

【사변문학은 페미니즘과도 관계가 있을까】

유상근 지금 말씀해 주신 부분은 교수님 책의 각 챕터들의 제목들과도 호응하는 것 같아요. 각 챕터의 소제목을 보면 SF를 "변화의 문학"이다, "아이디어의 문학"이다, 더 나아가서 "사이언스 픽션 자체가 비평적 이론이 될 수 있다"고 설명하시는데요. 제 다음 질문은 최근에 한국에서 미투 운동이 있었죠. 이에 대해 남성과 여성들이 서로 나뉘어서 여성 인권, 성희롱 문제 등에 대해 뜨거운 논쟁이 벌어지고 있고, 특히 일부 남성 시민들이나 시위대는 미투 운동에 대해 거부감을 보이거나 극렬히 반대하는 움직임을 보이기도 합니다. 사이언스 픽션이 우리 시대의 이런 문제에 대해서도 무언가 답을 줄 수 있을까요? 여성인권이라거나 미투 운동에 대해서?

셰릴 빈트 사이언스 픽션이라는 것은 페미니스트들에 의해서 오랜 기간 사회적 문제를 생각하는 중요한 도구가 되어 왔고, 그것이 제가 사이언스 픽션에 대해 관심을 갖게 된 주요한 이유 중에 하나이기도 해요. 사이언스 픽션은 우리의 사회적 구조, 그리고 정치적 구조가 사실은 가족 구조와 비슷하다는 것을 알려주는 문학이기도 하죠.

이런 구조들은 사실 인간의 선택이고, 그 말인즉슨 이런 구조들이 다르게 형성될 수도 있었다는 것을 의미하죠. 물론 여기서 사회, 정치, 가족 구조가 인간의 선택이라고 할 때, 한 개인이 홀로 쉽게 변혁할 수 있는 그런 의미의 선택을 말하는 것은 아닙니다. 다만 역사적으로 다르게 전개될 수도 있었을 이런 구조들 속에 우리가 얽혀 있는 어떤 방식들을 지적하려고 하는 것이죠. 사이언스 픽션은 이런 지점들을 밝히고, 다른 종류의 시나리오를 상상하게 해주죠.

예를 들어, 1960년대, 70년대에 서구에서는 제2차 페미니즘 물결이라는 큰 페미니스트 운동이 있었죠. 이 운동은 공공장소에서 여성의 안전과 폭력으로부터의 신체의 자유 등 여성을 대하는 사회의 태도에 대한 것이었죠. 역사상 가장 중요한 SF 작가이자 비평가 중 한 명인 조아나 러스는 이 시기에 ‹여자 남자(Female Man)›라는 작품을 썼는데, 이 작품은 매일의 삶에 성별이 끼치는 영향을 다룬 소설이었습니다. 그녀는 젠더와 SF에 관한 많은 비평을 썼는데, 우리의 인생에서 가장 큰 영향을 끼치는 하나가 바로 태어날 때 주어진 성별이라는 이야기를 했습니다. 성별은 모든 것을 결정짓는다는 것이죠. 성별로 인해 어떤 운동을 할지 안 할지 사회로부터 권유받고, 어떤 종류의 지적 활동을 할지, 어떤 직업을 가질 수 있는지 등이 결정된다는 것이죠. 그녀의 작품 ‹여자 남자›에서 그녀는 네 개로 나누어진 세상을 상상하는데, 1970년대의 평범한 미국의 세상과, 더 엄격한 가부장적인 세상, 여성들만 존재하는 세상, 마지막으로 여성과 남성들이 전쟁을 벌이고 있는 세상 등 서로 다른 세상 네 개를 보여줍니다. 네 개 각각의 세상에 동일한 인물이 등장하는데, 각각의 세상의 서로 다른 젠더 구조가 같은 사람을 얼마나 많이 변화시키는지 보여줍니다.

조아나 러스는 이를 통해 동일한 사람이 단지 한 사회의 젠더에 대한 인식 때문에 얼마나 다른 사람이 되는가를 보여주는 것입니다. 사이언스 픽션을 통해 우리는 새로운 생각들을 실험하고 상상할 수 있는데, 가령 우리가 다른 성별을 갖고 있다면 어떨지, 세상에 성별이 없다면 어떨지, 혹은 우리가 사람들을 성별이 아닌 다른 것으로 구별한다면 어떨지, 그러한 세상들을 어떻게 돌아가는지를 상상해 보게 하고, 그런 상상이 우리로 하여금 어떻게 권력이 이 세상에서 작동하는지를 가르쳐 주는 것이죠.

【사이언스 픽션은 더 나은 세상을 위해 무엇을 할 수 있을까】

유상근 지금 교수님이 말씀하신 그러한 페미니즘 운동, 페미니즘 이론과 사이언스 픽션과의 관계는 한국에서 일반 독자들이 흔히 사이언스 픽션이 할 수 있는 역할로는 잘 생각하지 않는 것입니다. 한국의 독자들은 사이언스 픽션이 ‹스타워즈›에 나오는 그런 외계인이나, 과학기술 같은 것과만 연관되어 있다고 생각하기 때문이죠. 하지만 교수님은 사이언스 픽션이 우리로 하여금 성차별 문제나 그러한 문제에 있어 정의의 문제를 생각하는 도구가 된다고 하셨죠. 그렇다면 사이언스 픽션이 한국 독자들에게 줄 수 있는 다른 역할이 있을까요? 교수님 책 『에스에프 에스프리』는 물론 세계 각국의 사이언스 픽션 작품들도 다루기는 하지만 주로 서구의 사이언스 픽션 작품들을 다루고 있습니다. 교수님께서는 한국의 독자들이 이 책을 통해 서구의 사이언스 픽션 작품들을 읽는 것이 어떤 긍정적인 역할을 할 수 있다고 보시나요? 더 나은 미래나 사회를 더 나은 곳으로 만들기 위해 상상하는 데 도움이 될 수 있을까요?

셰릴 빈트 물론이죠. 서구의 사이언스 픽션이나 혹은 제 책에서 다루고 있는 몇 가지 토론 주제들을 읽는 것을 통해서요. 제가 이 책에서 보여주려고 했던 것은 바로 그 점이에요. 소설이라는 게 언제나 일종의 문화적 비평으로 작동하는 것 아니겠어요? 사이언스 픽션 소설은 언제나 사회에 대해서 질문을 던지고, 그것이 성차별 문제건, 인종차별 문제이건, 국가 간의 문제이건 혹은 기술이나 가상현실의 문제에 관해서건 사회적 문제를 다루죠. 오늘날 우리 모두는 기술 포화의 글로벌 사회를 살고 있고, 한국 독자들은 아마 그러한 기술 발달 사회를 다른 나라의 국민들보다 아마 더 많이 겪고 있을 겁니다. 따라서 어느 정도는 한국이라는 나라가 각종 디지털 제품들의 선구자라는 점에서, 서구의 최신 소설들에 영감을 준 이러한 상황과 맥락들에 함께 영향을 받고 있는 것이죠.

이러한 생각은 최근에 유상근 씨가 저를 초대해주신 한국 방문에서 영감을 얻었는데요. 한국을 방문한 경험은 제게 정말 놀라웠습니다. 제가 특별히 기억하는 것은 저희가 덕수궁을 방문하고, 덕수궁 내부에 갤러리를 둘러볼 때, 근대 서울이라는 도시가 존재하기 전 그 땅의 그림을 볼 수 있었는데, 상근 씨가 제게 어떻게 서울이라는 젊은 도시가 그토록 빨리 성장을 했는지 설명해주었고, 제가 그 현장에 서서 덕수궁 주변의 수많은 최첨단 간판들과, 수많은 높은 건물들, 최첨단 와이파이 같은 것들을 보면서 그러한 생각을 많이 할 수 있었습니다. 거기서도 확인하였듯이 우리는 약 40년 만에 별로 과학기술의 영향을 받지 않는 사회에서 미디어가 포화된 사회로 급속히 사회적 변화를 겪었다고 볼 수 있죠. 서구의 사이언스 픽션이 다루는 그러한 변화들은 사실 서구에서는 훨씬 더 오랜 기간에 걸쳐 천천히 진행되어 온 과정이고, 아마 서구는 그러한, 예컨대 공장의 자동화 같은 산업화를 훨씬 더 먼저 겪었기 때문에 사이언스 픽션 전통이 더 빨리 시작될 수 있었던 게 아닌가 싶어요. 우리가 사이언스 픽션을 계속 만들어내는 원동력은 우리 스스로를 돌아보면서 내 삶이 내 부모 세대의 삶과 얼마나 많이 달라졌고, 그 전 조부모의 삶과 얼마나 달라졌는지 가늠하는, 이러한 세대를 거친 과학 기술의 변화를 설명하는 데 있어서 사이언스 픽션은 가장 이상적인 도구이죠. 그러한 변화들이 우리에게 어떠한 의미가 있는지 이해하고, 우리가 우리 자식 세대들에게 어떠한 것을 물려주고 싶은지 등을 생각하는 데 있어서 아주 유용하죠.

【불교의 질문과 사이언스 픽션이 통하는 지점이 있어】

유상근 교수님께서 한국을 방문(2018년 12월)한 이야기를 해주셨는데, 교수님 말씀을 들어보면 한국 방문이 굉장히 인상적이셨던 것 같아요. 한국 방문 당시 다른 흥미로운 일화나 혹은 첫인상 이후의 인상 등에 대해 더 얘기해주실 게 있을까요?

셰릴 빈트 한국 방문은 정말 놀라운 경험이었어요. 저는 한국에 있는 동안 더 많은 불교 사찰들을 방문해 보고 싶었어요. 제가 그러한 것들을 좋아하거든요. 그러한 경험들이 SF학자로서 저에게 한국을 연결해 준 것 같아요. 불교의 전통에 대해서 생각하고, 또 불교의 전통이 서구에서 어떻게 이해되어 왔는지에 대한 것들 말이에요. 불교 전통은 우리가 인간중심적인 사고에서 벗어나 다른 존재들과의 연관성을 생각할 수 있도록 해주는데, 그런 것들은 사실 자기 혼자만 생각하는 게 아니라 더 큰 규모의 시간과 역사를 생각하게 해주는 것들이거든요.

제가 사이언스 픽션에 흥미를 크게 느끼는 이유도 바로 그런 것이기 때문에 불교의 전통과 SF가 비슷한 질문을 던지고 있다고 생각해요. 저의 기존 연구 중 많은 부분이 인간과 다른 생물종의 관계를, 그리고 인간과 자연이라는 환경 사이의 관계를 다루었습니다. 사이언스 픽션은 때로는 인간이 다른 생물 종과 실제로 대화를 한다거나, 혹은 자연과 더 조화로운 관계를 형성하는 미래를 그린다거나, 혹은 인간의 거주지를 위해 자연을 파괴하는 것이 아니라 우리가 이후에 살고자 하는 그러한 거주 환경을 만들어내는 생물학적 기술을 다루고는 하죠. 다양한 문화적 전통들을 계몽주의적 기독교 전통과 비교해서 생각하고, 그런 것들이 사이언스 픽션이 던지는 질문이라고 생각해요.

한 가지 더 언급하고 싶은 것은, 한국 독자들에게는 그다지 놀라운 소식이 아니겠지만 서구의 독자들에게는 아주 흥미로운 소식인데요. 최근에 한국 사이언스 픽션이 영어로 번역되었고, 그중 정소연 씨를 포함한 몇몇 작가들을 제가 있는 캘리포니아대(UCR)로 초대하는 이벤트가 있었어요. 정소연 씨는 그 초청강연에서 서구의 사이언스 픽션이 한국에 번역된 과정들을 이야기해 주었는데 아주 흥미로웠어요. 소연 씨는 한국에서 주로 번역을 담당해 온 사람들이 여성이라는 얘기를 해줬어요. 따라서 한국에서 많이 번역된 사이언스 픽션들은 영어권 독자들에게는 제2세대 사이언스 픽션이라고 부를 수 있을 만한 것들인데, 굉장히 페미니스트적인 사이언스 픽션 작품들이죠. 이 작품들은 결혼 문제를 다루거나 성소수자 관계를 상상하고는 하죠. 이러한 작품들은 서구에서 식민주의적이고, 제국주의적인 남성 위주의 군사적 작품들 이후에 나온 작품들이죠. 이러한 사실이 저에게 흥미로웠던 이유는 만약 사이언스 픽션이 한국에서처럼 처음부터 페미니스트적이고 퀴어적이었다면 어떨까 하는 상상을 하게 했어요. 만약 당신이 처음으로 읽은 사이언스 픽션이 그렇다면 사이언스 픽션이라는 장르와 당신의 관계도 달라지겠죠. 그런 점에서 저는 한국의 사이언스 픽션이 서구의 사이언스 픽션과는 다르고 더 나은 흥미로운 가능성을 발견할 수 있겠다는 생각을 했어요.

【한국의 사이언스 픽션에 대한 소감은】

유상근 특별히 교수님이 흥미롭게 보신 한국의 사이언스 픽션 작품들 몇 개를 얘기해주실 수 있나요?

셰릴 빈트 ‹설국열차›나 ‹옥자›를 재미있게 봤어요. 제가 동물 문제라거나 그런 데 관심이 많거든요. 이게 사이언스 픽션이 되는지는 모르겠지만 ‹올드보이›도 재미있게 봤고요. 장준환 감독의 ‹지구를 지켜라› 역시도 유머감각이 있어서 좋았어요. 이 작품은 사이언스 픽션에 대해 특히 흥미롭게 생각할 만한 작품이라고 생각해요 비록 이 작품이 외계인에 대해서 비유적인 관계를 그리고 있다고 생각하지만요. 사이언스 픽션은 항상 비유에 관한 것이고, 외계인에 관한 것이죠. 그리고 소외의 문제는 사이언스 픽션에서 많이 다루는 것이죠. 이 영화는 감상하기에 좀 징그러운 장면들이 있는 것은 사실이지만요. 이 영화에서 다루는 사고 실험이라는 것은 꽤 정확하다고 느껴졌고, 그런 것들이 사이언스 픽션에서 다루는 사고 실험 것이죠.

【지금, 이 세계에서 사이언스 픽션은 무엇을 할 수 있나】

유상근 제 마지막 질문은 세계의 정치적 상황을 보면 미국의 전 대통령이 (도날드 트럼프) 보여줬던 행위에 대해 많은 우려가 있고, 영국에서는 브렉시트가 벌어졌고, 북한과 남한 사이에 그리고 북한과 미국 사이에 평화협정이 가능할 것 같은 분위기들이 있었다가 지금은 위기의 분위기가 고조되고 있습니다. 그런데 이러한 상황에서 사람들은 우리에게 더 많은 사회참여적 소설이 필요하고, ‹왕좌의 게임›이나 ‹스타워즈› 같은 사이언스 픽션이 아니라 더 비평적인 관점이 필요하다고 생각하는 분들이 많습니다. 이러한 맥락에서, 교수님은 우리가 더 많은 리얼리스트 픽션이 필요하다고 보시나요? 아니면 사이언스 픽션이 할 수 있는 게 있을까요?

셰릴 빈트 비록 사이언스 픽션의 미학적 기술은 실제적인 것이 아니지만, 사이언스 픽션은 언제나 실제 사회를 다뤄왔어요. 사이언스 픽션은 언제나 현재의 리얼리티에 대해 반응하는 것이죠. 냉전시대의 작품들이나 혹은 일본에 투하된 핵폭탄 직후의 작품들을 생각해 본다면 특히 더 그렇죠. 핵 투하 이후 먼 미래를 상상하는 아주 많은 작품들이 있어 왔고, 특히 인류가 방사능에 오염된다면 어떻게 될지 등에 대해 많이 다뤄왔죠. 따라서 사이언스 픽션은 아주 먼 세계 혹은 가상의 것들을 다루고 있다고 할지라도, 아주 리얼하고 당면한 불안에 의해서 창작되는 장르이고, 한 국가의 미래 혹은 인류의 미래에 대해서 생각하려고 노력하는 장르죠. 저는 사이언스 픽션이 우리 인류와 각 국가에 대해서 장기간에 걸친 그리고 범지구적인 종류의 관점을 다루고 있다고 생각해요. 이런 점들이 저로 하여금 사이언스 픽션이 환경 위기의 맥락에서 대단히 유용하다고 생각하는 이유예요. 더불어 우리는 점점 소설 ‹1984›나 ‹시녀이야기› 같은 작품에서 본 권위적 권력의 세계에서 살아가고 있어요. ‹1984›는 지금부터 약 80년 전에, 그리고 ‹시녀이야기›의 경우 80년대에 출판된 것인데도 불구하고, 마치 오늘날의 미국 정치인들의 교본을 보는 것 같죠. 세상이 정말로 빨리 변하고 있는 것 같아요. 세계가 서로 밀접하게 연관되어 있어서, 한 나라에서 전쟁 때문에 발생한 이민문제가 다른 나라나 미국 정부에 불안을 야기하기도 하는 것을 보면 세계가 정말 서로 얽혀 있는데, 사이언스 픽션은 빈번하게 이러한 관점을 다루고 있죠. 지금 생각나는 TV 드라마는 영국의 것인데 ‹Years and Years›라는 드라마에요. 관객의 기준으로 몇 년 후의 미래에서 시작해서 20년 정도를 더 나아가는데, 정확히 우리가 앞서 말한 질문들을 다루고 있죠. 이 드라마는 리얼리스트 픽션인가 사이언스 픽션인가? 답하기 어려운 문제죠. 이런 종류의 작품들은 우리에게 비슷한 질문을 던져요.

유상근 마지막으로 혹시 교수님의 책에 관심이 있거나 혹은 읽어보게 될 한국 독자들에게 전하실 말씀이 있으신가요?

셰릴 빈트 저는 제 책이 한국어로 번역 출간된 데 대해서 아주 영광스럽게 생각해요. 제 생각들이 한국어로 되어 있는 것을 보는 것은 아주 흥분되는 일입니다. 이 책을 통해 어떠한 지적 대화들이 한국에서 촉발될지 보고 싶어요. 특히 요즘 한국과 한국계 미국인 작가들은 현재 사변문학 분야를 성장시키는데 중요한 역할을 하고 있고, 세계적으로도 미래와 과학기술이 곳곳에서 어떻게 진행되는지 더 많은 대화들이 일어나고 있거든요. 따라서 저는 한국의 작가들이 사변문학이 가져올 미래의 가능성과 과학기술이 가져올 변화에 대해 어떠한 생각을 가지는지 더 듣고 싶습니다. 감사합니다.

유상근 감사합니다.

다시 읽다

RE: READ

『지구적 전환 2021 - 개벽의 징후』 서평

이정아

올해(2021) 4월, 『지구적 전환 2021』이 발간 될 때쯤 필자는 이 책에 관한 서평 원고 청탁을 받았다. 사실 계간지 『다시개벽』이 기획되는 과정을 직간접적으로 옆에서 지켜봤던 터라 어떤 방법으로 기여를 할 수 있을까 생각한 끝에 2020년에 서평을 쓰겠다고 홍승진 편집장님께 제안했다. 1920년 6월 25일 『개벽』이 창간되고 통권 72호로 폐간, 1934년 11월 1일 『개벽(신간)』 속간이 이루어졌으나 또다시 폐간, 해방 이후 『개벽(복간)』 복간이 이루어졌으나 9호까지 발행하고 폐간, 1968년경부터 개벽사 및 보성사 부활 추진과 『개벽』 영인, 2011년 4월 『개벽신문』 창간, 그리고 자진 폐간 이후 2020년 12월 겨울호로 계간 『다시개벽』 창간까지의 일련의 과정은 험난하지만 개벽정신의 끈질긴 생명력을 이어가고 있다. 아쉽게도 2020년 『다시개벽』 창간호 준비를 함께하진 못했지만 2021년 가을호에 글을 싣게 되어 대단히 기쁘다.

『지구적 전환 2021: 근대성에서 지구성으로 다시개벽의 징후를 읽다』는 도서출판 모시는사람들 산하 지구인문학연구소가 코로나 팬데믹 시대 속에서 '지구학'과 '개벽학'이라는 새로운 패러다임적 학문 체제를 제시하는 맥락 속에서 기획한 책이다. 각기 다양한 분야에 있는 총 17명의 저자들이 ‹지구적 전환›이라는 대주제를 가지고 글을 썼다. 각각의 저자들은 휴먼라이브러리(Human Library)라고 해도 손색이 없을 만큼 생생한 이야기와 경험, 생각을 바탕으로 지구 위험 시대를 어떻게 극복해 나아갈 것인가에 대해 논의하고 있다.

【'저자'들을 '님'으로 부르다】

한 분 한 분을 호명하면서 서평을 시작하고자 한다. 프롤로그와 '지구화시대 한국철학'의 조성환 님, '지구적 치유를 위한 인류학의 사고법'의 차은정 님, '지구를 대하는 태도'의 허남진 님, '지구위기시대의 삶의 영성화'의 전희식 님, '지구적 페미니즘을 위하여'의 이주연 님, '청년기에 접어든 인류'의 김유리 님, '고령자의 삶의 방식과 존재 의의'의 오하시 겐지 님, '동물권을 이야기하는 시대'의 신승철 님, '노멀화되어 가는 뉴노멀'의 이현진 님, '마을공화국에서 지구연방까지'의 임진철 님, '사회전환운동, 그리고 운동의 전환'의 유정길 님, '『개벽』에서 『다시개벽』까지 100년의 미래'의 박길수 님, '사람의 향기가 나는 '즐거운 가''의 이윤복 님, '일상에서 진리를 사는 원(圓)마을'의 유상용 님, '웃음이 담을 넘다, 생활의 귀환'의 고은광순 님, '민본과 대동세상으로 가는 큰 사람, 큰 마을, 새 부족'의 황선진 님, 에필로그 '팬데믹시대의 글로벌 공공선'의 박치완 님!

【동학에서 온 '님'의 철학 : 관계의 전환, 의식의 개혁】

필자는 왜 저자들 이름 뒤에 '님'을 붙였을까? 범상하게 볼 수도 있지만 필자는 나름의 의미를 부여한 것이다. 조성환에 따르면 한국인들은 '님'에 대한 동경이 있다. 최제우의 '하늘님'은 한국인들의 무의식 속에 남아 있던 '님'의 세계를 부활시켰다(25쪽). 고조선 시대의 최초의 시가로 알려져 있는 ‹공무도하가(公無渡河歌)›는 "님아, 물을 건너지 마오!"라고 번역이 되고 있다. '공'이라는 한자를 '님'으로 번역한 것이다. 저자들의 이름 뒤에 '님'을 붙여 봄으로써 동학의 '하늘님' 개념을 '신'이 아닌 '님'의 범주로 인식의 전환을 시도해 보았다. 인간을 포함한 모든 만물은 하늘님의 자식으로서 모든 존재가 '님'으로 여겨지게 된다. ‹신에게서 님에게로›라는 '님'에 담긴 인문학적 의미를 2020년 11월 28일에 한국종교학회 학술대회 한국종교분과에서 열린 '지구위험시대의 지구적 치유와 한국적 영성'에서 최초로 다루었다. 명실공히 지구위험시대에서 지구와 인간, 인간과 만물의 관계를 '다시' 생각해 보자는 자생적 학문 운동이 이제 막 시작이 되고 있다. 그리고 그 뿌리는 수운 최제우의 모든 인간은 자기 안에 '하늘님'을 모시고 있다는 말씀과, 해월 최시형의 만물도 '하늘님'을 모시고 있다는 말씀 속에 담겨 있다. 이에 지금 여기 우리는 '관계의 전환', '의식의 개벽'이라는 인문학적 사유가 절실히 필요해 보인다.

【지구적 전환 : 아이에서 어른으로 성숙】

『지구적 전환 2021』은 프롤로그, 제1부 가치의 전환, 제2부 주체의 전환, 제3부 사회의 전환, 제4부 마을의 전환, 에필로그로 되어 있다. 여러 저자들이 ‹지구적 전환›에 관해 개별적 해석을 하고 있는데, 그중에 필자가 제일 눈여겨본 것은 ‹일상에서 진리를 사는 원 마을›의 유상용 님의 글이다. 지구적 전환의 요청은 "지구가 인간에게 '이제 너희가 아이가 아니지 않느냐, 지구에 이상기후까지 일으킬 수 있도록 자랐으니 이제 너희의 책임을 다해야 하지 않겠나?'(322~323쪽)"라고 되묻는 것으로 들린다는 것이다. 아이가 아닌 어른으로서 이제 우리의 책임을 다해야 한다는 요구이며 과제의 제시라는 설득력 있는 비유는 이제는 자본주의 '성장'의 논리가 아닌 공동체 '성숙'의 시대로의 전환의 의미를 새롭게 인식하게 한다. 또한 이는 ‹사회전환운동:그리고 운동의 전환›의 유정길 님의 글에서 "작은 변화 예측에 일희일비하기보다 코로나를 변화의 시그널로 받아들이고 인간의 어리석음을 깨닫고 생태적인 생활양식으로 전환하여, 우리가 가야 할 본래의 근본 자리를 되찾는 기회로 삼아야 한다(243쪽)"는 성찰과도 일맥상통한다.

【뉴노멀의 시대 : 정서적 연대의 필요성 대두】

'뉴노멀(new normal)', '새로운 일상' 2020년 이후 자주 듣게 된 신조어이다. 이제 넷플릭스, 유튜브, 왓챠 등 온라인 미디어 플랫폼은 일상이 되고 있다. 교육환경은 가상공간으로 옮겨가고, 공연과 전시도 또한 가상공간에서 펼쳐지는 경우가 급격히 늘고 있다. 정동(affect)의 공유 등 가상세계에서 벌어지는 변화들을 보면 1960-1970년대 마샬 맥루한이 인공위성을 이용한 TV 매체의 일상화로로 '지구촌(Global Village)'이라고 말한 것이 더 심화되고 있는 것처럼 보인다(209쪽). 유튜브 조회 수는 전례 없이 새로운 기록들을 보이는데 대표적인 예로 방탄소년단, 블랙핑크 같은 아이돌 그룹을 들 수 있다. 이러한 영상이 몇 억 뷰 조회수를 기록할 때 실제(대면) 세계에서의 대화의 기회를 잃어가고 고립되어 외로움을 느끼는 사람들은 점점 늘어나고 있다. 그것은 결국 공동체의 붕괴 현상으로 이어지고 있다. 즉 이처럼 정서적 연대가 부족해지고 있는 상황에서 우리는 스스로를 잘 지켜내고 성찰할 줄 알아야 한다. 이는 선진국의 예보다는 오히려 "인디언 사회의 아나키 민주주의" 등에서 힌트를 얻어야 한다고 본다. 인디언 사회의 '자유-자치-자연'이라는 핵심 개념은 자본에 의해 파편화되어 각자도생하는 오늘의 모래알 사회에 시사하는 점이 매우 크다. 소셜 미디어가 사용자의 생각과 취향을 읽고 비슷한 알고리즘으로 뉴스나 상품을 제시하는 '필터 버블(filter bubble)'은 집단 지성과는 전혀 다른 방식이다. '필터 버블'은 자신의 생각과 신념을 확인하려는 성향을 만들어 '확증편향(confirmation)'만 증가시키면서, (소셜)미디어 사용자에서 미디어 수용자로 전락하고 있다.

【'지구인문학'과 '개벽학'의 발견: 전환사회운동과 생태민주주의의 바탕】

전환사회운동으로서 대전환의 생명운동은 관계성, 다양성, 순환성, 영성의 운동이다. 첫째, 관계성은 모든 것은 연결이 되어 있다는 자각과 그 회복을 추구하는 재연결 운동, 둘째, 다양성은 적을 규정하지 않기, 함께 존재하기, 함께 살기 운동, 셋째, 순환성은 직선적 성장, 수직적 사회의를 극복하면서, 옆으로 성공하기의 일상화, 보편화 운동, 넷째, 영성은 통합적 지혜, 관계적 존재로서의 깨달음을 추구하는 것으로 제시하고 있다. 울리히 백은 지구화에 대한 인문학적 접근을 겸하는 학자이다. 1986년 체르노빌 원전사고가 난 해, 그는 『위험사회』를 출간하였다. 지구화로 인해 세계가 하나가 되었을 뿐만 아니라 위험도 하나가 되었다고 그는 진단했다. 1957년 10월 4일 인간은 세계 최초의 인공위성인 '스푸트니크1호'를 우주를 향해 발사하였다. 한나 아렌트는 『인간의 조건』에서 지구로부터 탈출하고자 하는 인간의 욕망을 기술시대의 근본악으로 보면서 근대문명을 비판한다(69-70쪽).

임진철에 따르면 이제는 국제연합과 마을공화국 지구연방이 필요한 시대이다. 국가 성립 이전의 천하 개념은 마을과 마을의 지구촌 연대 관념이었다. 천하관념에는 자연 지리적 천하도 있지만 하늘 아래 모든 것이 같다는 묵자의 천하무인, 불교의 평등성지, 동학의 인오동포와 물오동포, 기독교의 사해동포라는 관점에서 보듯이 말이다(232쪽). 이제는 '생태'라는 중요한 이슈를 통해 지구촌 연대 관념이 확장되어야 한다고 본다. 한국의 경우, 생태마을공동체운동과 주민자치운동, 그리고 직접민주주의 민회와 마을공화국운동은 '생태'와 '민주주의'가 함께 성장한 예이다(236쪽). 기후위기, 자연권, 미래세대권리운동 등 지금 현 세대뿐만 아니라 미래세대를 위해서도 필요한 '생태민주주의'이다. 특히 미래세대권리 운동가로 크레타 툰베리가 적극적으로 주장하는 기후위기 대응은 기후이상으로 고통 받고 있는 지구인들에게 더 이상 남의 일이 아니다.

【나오며】

제레미 리프킨은 "코로나는 기후변화가 낳은 팬데믹"으로 진단한다. 그는 코로나가 우리에게 전하는 메시지는 "세상에 있는 모든 것이 하나의 망으로 연결돼 있다는 것"이라고 말하면서 인간중심주의에서 벗어나 모든 종의 공존을 추구해야 한다고 설파했다(68-69쪽). 허남진은 이를 우리가 코로나19 팬데믹에서 인간과 지구 관계를 재성찰하고, 나아가 지구와 만물에 대한 태도 전환을 하라는 지구적 요청이자 요구라고 해석하였다. 그리고 전희식은 여기서 더 나아가 지구위기시대의 삶의 영성화를 제안하였다. 이로써 '지구인문학연구소'가 나아갈 방향은 정해진 것이라고 본다. 이전의 인간 중심 사고에 관한 전환이 그것이며 이는 조성환과 이병한이 '개벽파선언'을 쓰면서 주장한, 서구적 근대를 넘어서 '지구학-동양학-한국학'으로의 대전환이다.

이정아
◈ 오랜 학생의 신분에서 벗어나 교육받은 여성으로서 가정과 일을 균형 있게, 나름의 의미를 찾으며 살고 싶은 자유인이면서 동시인

방정환의 동시童詩와 동학의 자연사상[1]

홍박승진

【한국 현대시를 어린이주의로 보자】

한국 현대 시문학사 연구에서 남성중심주의를 극복하려는 시도가 최근 활발하게 이루어지고 있지만, 성인중심주의를 넘어서려는 움직임은 아직까지 미미한 실정이라고 할 수 있다. 어린이는 여성과 더불어 인류 역사 전체에 걸쳐 극심하게 억눌려 온 존재들일 것이다.[2] 한국 시단에서도 그러한 사정은 다르지 않았기에, 여성과 어린이의 목소리를 한국 현대시의 전통으로부터 발굴하는 작업은 남성에 의한 또는 남성에 관한 시문학을 연구하는 것보다 더욱 촘촘한 자료 검토와 더욱 참신한 연구 시각을 필요로 한다. 특히 어린이의 경우는 여성의 경우보다 더 한국 현대시 연구의 주변부로 소외되기 쉽다. 여성-성인 작가는 비록 남성-성인 작가에 비해 그 숫자가 훨씬 적을지라도 자신의 목소리를 직접적이고 지속적으로 발화할 수 있지만, 어린이의 경우에는 그러한

1 이 글은 2021년 7월 23일에 열린 방정환 작고 90주기 기념 방정환학술포럼 '방정환과 21세기 어린이를 찾아서'에서 발표한 내용을 수정·보완한 글이다.

2 '성인중심주의'라는 용어는 오세란, 「인간중심주의란 성인중심주의다—인간과 비인간을 교차하는 존재, 아동과 청소년에 대하여」, 『다시개벽』 제3호, 2021. 여름, 12~22쪽에서 제안하였다. 성인중심주의를 남성중심주의 못지않은 인류 역사의 억압적 원리로 지적한 것은 「2020 『다시개벽』 선언문」, 『다시개벽』 제1호, 2020. 겨울, 8~9쪽을 참조.

가능성이 다소 낮기 때문이다. 그렇다면 성인중심주의를 넘어 한국 현대 시사를 새롭게 바라보는 작업은 어디에서부터 시작할 수 있을까? 한국 현대사에서 성인중심주의 극복을 문화예술의 측면에서 치열하고 구체적으로 모색한 방정환에게서 그 작업의 원점을 찾을 수 있지 않을까?

방정환 문학에 관한 연구는 주로 동화나 소설 등과 같은 서사 장르에 집중되지만, 그에 비하여 소파의 동요나 동시는 많은 주목을 받지 못한 편이다. 그러나 방정환이 "어린이 나라의 세 가지 훌륭한 예술"을 "1. 이야기 세상 2. 노래의 세상 3. 그림(회화)의 세상"으로 꼽았으므로,[3] 이야기의 영역만큼이나 노래의 영역도 소파 문학을 이해하는 데 중요한 가치가 있다고 할 수 있다. 문학 연구에서 가장 중요하고 기본적인 작업은 1차 자료의 텍스트 비평일 것인데, 장정희의 연구에서 이 작업을 정밀하게 수행하였다.[4] 기본적인 실증의 단계를 넘어 소파의 동요 및 동시에 담긴 의미를 살핀 논의는 그 사례가 아직 많지 않다고 할 수 있다. 따라서 이 글은 방정환의 동시에 관한 해석학적 고찰을 시도하고자 한다. 엄밀한 의미에서 동요는 노랫말과 음악을 아울러 가리키는 용어이며 동요의 노랫말은 동시의 범주에 속하므로, 이 글에서는 동시를 연구 대상으로 삼는다.

방정환 동시의 의미를 해석한 논의 가운데 한 연구는 소파의 동요가 민족의 비극적 현실로 인한 애상성을 주로 드러내며, '동심주의'의 발상을 담은 경우는 그리 많지 않다고 분석하였다. 예컨대 동심주의의 발상이 나타나는 작품으로는 방정환의 「첫눈」이 있는데, 그 발상이 억지스러울 뿐만 아니라 방정환 동요의 주된 경향을 이루지 않는다고 하였다.[5] 그러나 시적 소재의 측면에서 바라본다면, 현재까지 방정환이 번역하거나 창작한 것으로 확인된 동시

3 「어린이 찬미」, 『신여성』, 1924. 6.

4 장정희, 「방정환 문학 유산의 발굴과 계승의 과제—방정환 동요의 사례: 전집 수록 과정의 분석」, 한국독서아카고라학회, 『독서아카고라연구』 Vol. 2, 2020. 10.

5 염희경, 『소파 방정환과 근대 아동문학』, 경진, 2014, 303~315쪽.

14편 가운데 '눈'이라는 소재가 나타나는 작품은 4편에 이르는 만큼 그 비중이 결코 적다고 보기 어렵다(「첫눈」, 「잘 가거라! 열다섯 살아」, 「눈 오는 새벽」, 「눈」).[6] 특히 이 글에서는 소파의 '눈' 시편이 그의 산문에 나타나는 '눈'의 의미와 밀접하게 연관된다는 점에 주목하며, 그 의미가 동학(천도교)의 자연 사상과 상통함을 밝힐 것이다. 또한 '눈'이 '겨울'이라는 계절과 관련이 있듯이, 소파의 동시편이 계절 등과 같은 하늘의 현상을 주요 소재로 삼았다는 점을 동학의 하늘 개념과 연결시켜 해석하고자 한다. 마지막으로는 방정환의 동시가 하늘이라는 소재뿐만 아니라 땅이라는 소재를 다룰 때에도 동학사상이 나타난다는 점을 논할 것이다.

【하늘의 신성을 매개하는 시적 소재로서의 눈[雪]】

동시에서 자연물을 소재로 쓰는 것은 특별하지 않지만, 방정환의 동시에 나타나는 자연물은 소파의 자연관과 밀접한 연관이 있다는 점에서 주목을 요한다. 그는 잡지에 자신의 글을 발표하기 시작할 무렵뿐만 아니라 숨을 거두던 해에도 자연에 얼마나 중요한 의미가 있는지를 강조하였다. 『청춘』 1918년 4월호의 독자 문예에 뽑힌 글에서 방정환은 대자연의 모든 형상이 인간 세계의 일상적인 삶에 교훈을 주는 교사이자 벗이라고 하였다.[7] 그가 이 글을 쓴 시기는 천도교 3세 교주 의암 손병희의 셋째 딸(손용화)과 결혼한 이듬해이다. 또한 그가 돌아가던 1931년에는 천도교 청우당 기관지(『당성』)에 발표한 글을 통하여, 어린이가 자라는 데 가장 중요한 것이 자연과 함께하는 것이라고 하였다. "어

6 『정본 방정환 전집』에 실린 방정환의 동시 14편 가운데 일본 동시를 번역한 「여름비」와 방정환이 창작하였는지 확실치 않은 「형제별」·「가을밤」·「어린이날 노래」를 제외하면, 소파의 순수 창작이라고 할 수 있는 동시는 10편이다. 겨울에 내리는 눈을 시적 소재로 삼은 작품은 10편 중 4편으로서, 양적인 측면만 보더라도 그 비중이 적다고 보기 어렵다.

7 ㅈㅎ生, 「자연의 교훈」, 『靑春』 제13호, 1918. 4.

린 사람은 항상 크고 뻗어 나고 자라 가는 것인 고로 공부보다도 지식보다도 잘 자라 간다 하는 조건이 제일 중요한 것인데, 잘 자라기 위하여는 자연과 많이 친해야 한다 하는 것이 가장 귀중한 것입니다. 맨발을 벗겨 기르라, 흙과 친하게 하라 등 말은 모두 자연과 친하게 하라, 자연의 품에 안겨 자연과 같이 자라게 하라는 것입니다."[8] 이처럼 방정환의 문필 활동은 그 시작점부터 끝점까지 자연과 동학사상과 어린이 사이의 연관성을 드러낸다. 그 연관성이 뚜렷하고 집약적으로 나타나는 작품으로는 소파의 동시 「첫눈」을 꼽을 수 있다.

펄―펄― 오는손님
    한우님짜님
분바르고흰옷[9]닙고
    춤을추더니
보는사람붓그러
    숨어버렷네
쌈안한울놉히서
    멀리나려와
반겨맛는 사람의
    억개툭치고
인사한말 안하고
    숨어버렷네

―「첫눈」, 전문10

8 「여름방학 중에 소년회에서 할 일 2, 3」, 『黨聲』, 1931. 7.

9 "흰옷"은 '흰옷'의 오기―인용자 주.

10 三山生, 「첫눈」, 『어린이』 제2권 12호(제24호), 1924. 12, 41쪽.

위 작품에서는 '눈'이라는 낱말을 한 번도 쓰지 않았지만 모든 문장이 첫눈 내리는 모습을 표현한다. 따라서 모든 문장의 숨은 주어를 '첫눈'으로 보는 편이 자연스러울 것이다. 첫 2행에서 첫눈은 "펄—펄— 오는 손님"이며 "한우님 싸님"이라고 하였는데, 여기에서 "한우님 싸님"이라는 구절이 '억지스러운 발상'이라는 한 선행 연구의 평가를 이 글의 앞머리에서 언급한 바 있다. 그와 같은 평가가 얼마나 정당한지를 검토하기 위해서는 해당 표현을 섬세하게 독해할 필요가 있다. "한우님 싸님"은 '하늘님과 땅님(heaven and earth)'이라는 뜻으로도 읽을 수 있고 '하늘님의 딸님(daughter of heaven)'이라는 뜻으로도 읽을 수 있는데, 여기에서는 후자의 경우가 더 올바르다. 방정환은 위 시를 『어린이』 1924년 12월호에 실었는데, 그로부터 정확히 1년 전인 『어린이』 1923년 12월호의 「권두언」에 '눈은 하느님의 따님'이라는 모티프가 나오기 때문이다. 특히 이 「권두언」은 눈이라는 자연물과 어린이의 관계에 대한 소파의 사유를 드러낸다는 점에서 중요하다.

> (1) 눈, 눈, 그가 하느님의 아드님이겠습니까, 따님이겠습니까. 아무리 해도 내게는 따님같이 생각됩니다. (2) 하느님의 그 고운 따님, 내게는 그가 더할 수 없이 정다운 동무여요. … 물은 얼고 나무는 마르고 죽음같이 쓸쓸한 겨울에 이 눈님뿐만은 우리를 즐겁게 해 주는 정다운 동무입니다. (3) 눈은 우리의 친한 동무거니 그 하얀 눈이 먼 하늘에서 깜박깜박 궁글어서 처마 끝으로 내려올 때 거기에 까닭도 없이 반겨 날뛰는 우리 소년 소녀 여러 동무들을 나는 생각합니다. (4) 눈과 같이 뛰놀고 눈과 같이 춤추는 소년 소녀 들, 그들도 하느님의 귀여운 아드님 아니고 무엇이겠습니까.[11]

인용문을 그 속에 담긴 의미에 따라 네 부분으로 나누어보면, 먼저 (1)에서는

[11] 「『어린이』 제11호 권두언」, 『어린이』, 1923. 12. 괄호 안의 일련번호는 인용자가 붙인 것.

눈이 하느님의 아드님보다도 하느님의 따님에 더 가깝다는 생각을 밝힌다. 이를 보면 「첫눈」의 "한우님 싸님"이라는 표현이 '하느님의 딸님'이라는 의미임을 알 수 있다. (2)에서는 하느님의 따님인 눈이 더할 수 없을 만큼 정다운 동무인데, 왜냐하면 물이 얼고 나무가 마르는 등 자연의 생명력이 위축되는 겨울에 오직 눈만이 생기 있게 움직이며 즐거움을 주기 때문이라고 하였다. 위 작품이 발표된 『어린이』 1924년 12월호의 또 다른 글에서도 소파는 "눈은 다 죽은 겨울에 우리를 찾아와 주는 단 하나뿐인 반가운 손님이고 정다운 동무"라고 하였다.[12] 여기에는 죽음과 같은 상황 속에서도 생명력을 드러내는 눈이 '하느님의 따님'으로서의 신성(divinity)을 느끼게 한다는 발상이 함축되어 있다. 다음으로 (3)에서는 어린이가 겨울에 내리는 눈을 까닭도 없이 반기며 날뛴다는 일반적 현상을 서술한다. 그러나 그 현상에는 아무 까닭도 없는 것이 아니라 어떠한 이유가 있는데, (4)에서 그 이유를 말한다. 어린이도 하느님의 따님이고 아드님이므로 그들과 같이 하느님의 따님인 눈과 근원적으로 동무가 된다는 것이다.

눈은 하늘에서 내려오는 움직임(생명력)이라는 점에서 신성을 나타내고 또 이 점에서 어린이에게 충만한 활동력으로서의 신성과 상통한다. 소파는 어린이의 생명과 생활 전부가 '한시도 가만히 있지 못하고 끊임없이 꿈적거리는' 활동성에 있으며, 사회를 새롭게 하는 가능성이 어른보다 어린이에게 더 많은 까닭도 어린이의 무한한 활동성 때문이라고 보았다.[13] 이처럼 끊임없는 활동성을 긍정하는 사유는 동학사상의 근본이기도 하다. 동학에서 말하는 하늘님은 야훼와 같은 초월적 인격신이 아니라, 천지우주의 근원적 기운[元氣]인 심령의 끊임없는 약동[心靈의 躍動不息]을 의미한다.[14]

12 方, 「눈이 오시면」, 『어린이 제2권 12호』, 1924. 12.

13 方定煥, 「兒童問題講演資料」, 『學生』 제2권 7호(제15호), 1930. 7, 11~12쪽.

14 최시형, 「其他」, 『해월신사법설』, 라명재 주해, 『천도교경전 공부하기』 증보2판, 모시는사람들, 2017, 453쪽; 457쪽. (이하 동학(천도교) 경전의 원문은 이 책에서 인용하되 인용자가 번역을 일부 수정하고, 서지사항은 해당 저서의 쪽수만

소파는 여러 산문에서 어린이가 눈을 통하여 우주의 무한한 활동성인 하늘의 신성을 체득할 수 있다고 언급한 바 있다. 예컨대 방정환은 "하얀 동무, 한울 손님이 내려올 때가 되었습니다. 천하 사람이 모두 웅크려 엎드리더라도 우리 『어린이』의 동무 여러분! 눈 속에 얼음 위에 더 씩씩한 기운을 기르시기 바랍니다"라고 썼다. 생명력이 움츠러든 인간과 달리, 어린이는 하늘의 생명력을 전달하는 손님으로서의 눈과 교감하여 그것의 우주적 기운을 얻을 수 있다는 것이다.[15] 또한 소파는 어린이가 "펄펄 내리는 눈 속에서라도 씩씩하게 뛰어놀며 춤추고 운동"함으로써 "한 해 두 해 겨울과 연말을 보낼 적마다 새 봄의 나라를 세울 일꾼으로서의 있어야 할 것들을 길러야 할 것"이라고 강조한다.[16] 이러한 맥락에서 어린이가 눈을 반기면서 자기 안의 활동적 에너지를 기르는 일은 대자연을 오롯이 자신의 몸과 마음속에 모시는 일이다. "뛰어나가서 그 깨끗하고 반가운 눈을 맞으면서 돌아다니십시오. … 그러면 눈과 한울과 동리와 벌판과 겨울이 모두 한 뭉치가 되어 당신의 가슴속에 삼켜집니다. 그리하는 것이 당신이 자연을 집어삼키는 것이 됩니다."[17]

눈과 어린이 양자에게 '하늘의 신성=우주의 무한한 활동성'이 공통적으로 내재해 있다는 소파의 관점에 비추어보면, 그의 동시 「첫눈」을 새롭게 해석하는 일이 가능하다. 3~4행에서 '분 바르고 흰 옷 입고 춤을 춘다'는 것은 눈이 나타내는 자연의 아름다움과 활동성을 느끼게 한다. 겨울은 나무가 헐벗고 물이 얼어붙는 것과 같이 자연의 아름다움과 활동성이 가장 줄어드는 계절이라고 할 수 있다. 그럼에도 하늘에서는 생명의 아름다움과 힘이 끝없이 발생한다는 것을 증명하듯이 눈은 쏟아져 내리는 것이다. 이러한 맥락에서 7~8행은 하얀 눈이 '까만 하늘 높은 데로부터 멀리 내려온다'고 하였다. 겨울밤의

표기한다.)

15 三山人, 「새롭고 재미있는 눈싸움법—소학교, 중학교, 소년회 어데서든지 할 수 있는 것」, 『어린이』, 1925. 12.

16 編輯人, 「겨울과 연말」, 『어린이』, 1928. 12.

17 「겨울에 할 것—겨울방학에 무엇을 할까!」, 『어린이』, 1928. 12.

까만 하늘에서 하얀 눈이 내린다는 시적 관찰은 까만색 속에서도 흰색이 생겨날 수 있다는 위트(wit)가 있다. 이처럼 새로운 진실을 발견하는 재미는 단순한 자연현상을 묘사하는 데 그치지 않는다. 까만색과 흰색을 대비시킨 기법은, 겉으로는 생명력이 사라져 검은빛으로 보이는 하늘이지만 속으로는 그와 상반되는 흰빛의 아름다움과 생명력이 하늘로부터 뿜어져 나올 수 있음을 표현하기 때문이다.

5~6행에서는 첫눈이 자신의 춤을 쳐다보는 사람들을 부끄러워하여 숨어버린다고 하였다. 일반적으로 첫눈은 적설량이 많지 않아서 쌓이지 않고 금세 녹아버리는데, 그 현상을 재미나게 묘사하여 첫눈이 숨어버린다고 표현한 것이다. 여기에서 더 중요한 점은 첫눈이 아무 이유도 없이 숨어버리는 것이 아니라 자기 춤을 쳐다보는 사람들이 부끄러워서 숨는다는 대목이다. 여기에는 겨울밤에 춤을 추는 것이 눈 이외에는 없다는 뜻이 함축되어 있다. 겨울에는 눈 이외의 모든 자연사물이 움츠러들듯, 어린이의 활동성을 억누르는 늙은이 중심의 조선 사회는 곧 생명력이 움츠러든 사회와 같다는 것이 소파의 생각이었다. "조선에서는 가장 늙은이=가장 무덤으로 압장서서 가는 이가 호주(戶主)=즉 인솔자가 되여가지고 전 가족을 다리고 무덤으로 갓섯다."[18] 방정환이 눈을 반기지 않는 마음은 늙은이의 마음과 같다고 말한 것도 그러한 맥락에서 이해할 수 있다. "눈 속에서 뒹굴면서 지내십시오. 눈을 싫어하거나 눈을 피하는 사람은 죽을 날 가까운 노인들뿐입니다."[19] 생기 없이 낡은 관습의 틀 속에 굳어 버린 어른과 달리 어린이는 눈의 활동성을 반기며 자신의 동무로 여길 줄 아는 존재이다. 위 시의 9~10행에서 "반겨맛는 사람의 / 억개툭치고"라고 한 것은, 첫눈이 자신의 춤을 따라 추지 않고 쳐다만 보는 사람들이 부끄러워 숨어버리면서도 자신을 반겨 맞는—어린이와 같은—존재와는 친밀하게 접촉하

---

18 方定煥, 「兒童問題講演資料」, 앞의 글, 9~10쪽.

19 「겨울에 할 것—겨울방학에 무엇을 할까!」, 앞의 글.

고 소통할 수 있음을 드러낸다. 이처럼 눈은 하늘의 신성과 같이 말없는("인사 한말 안하고") 말로써 말하는 것, 즉 스스로를 숨김으로써 대자연의 진리를 드러내는 것이다. 사람이 그것을 포착하지 못하면 그것은 쌓이지 않고 금세 녹아버리는 첫눈처럼 사라져버리기 쉽다. 이처럼 「첫눈」은 생명력이 위축된 세상 속에도 어린이의 활동성과 같은 하늘의 신성이 지상의 인간적 현실과 이어져 있으며, 그 신성을 기쁘게 맞이하지 못하면 그것이 쉽게 사라질 수 있음을 느끼게 한다.

【어린이에게 내재하는 활동성과 동정심】

「첫눈」이 눈에 담긴 하늘님의 신성을 나타내는 작품이라면, 눈을 소재로 삼은 여타의 세 작품(「잘 가거라! 열다섯 살아」, 「눈 오는 새벽」, 「눈」)은 그 신성이 어린이의 마음속에서 구체적으로 어떻게 드러나는지를 노래한 동시라고 할 수 있다. 「첫눈」은 비록 동시의 형식을 취하였지만, '어린이'라는 측면과의 직접적인 연관성이 나타난다고는 보기 어렵다. 그렇다면 「첫눈」에서 표현한 하늘의 신성이란 구체적으로 무엇을 의미하여 어떠한 모습을 띠는가? 각 종교의 특성이 그 종교에서 신앙하는 것에 따라 달라지듯이, 방정환의 동시에서 신성을 표현하는 방식이 그의 동시가 어떠한 사상과 맞닿는지를 알려줄 수 있을 것이다.

동경유학시절 하숙집 앞에서
눈사람을 만들고 사진을 찍은 방정환

「잘 가거라! 열다섯 살」은 하늘의 신성과 어린이의 활동성을 동반자적 우정의 관계로 표현한다. 이는 '눈이란 어린이의 동무'라는 소파의 독특한 사유와 상통한다. 다음으로 「눈 오는 새벽」은 어린이에게 내재하는 하늘의 신성이 자기의 생명만을 위하고 확장하는 활동성이 아니라 다른 생명을 함께 살리는 생명의 활동성임을 노래한다. 「눈」은 상상력과 감성을 위주로 하는 어린이의 마음이 하늘님의 기운을 우주와 생명의 원천으로서 신령하게 자각한다는 작품이다.

오늘이 금음날
　　눈오는밤에
올一年 日記를
　　나리닑으니
깃브기도하면서
　　쉽기도하다
어린나희쏘하나
　　업서지는밤
하엿케오는눈도
　　말이없고나
아―아잘가거라
　　눈길우으로
내평생다시못올
　　열다섯살아

― 「잘 가거라! 열다섯 살아」, 전문[20]

---

[20] 「잘가거라! 열다섯살아」, 『어린이』 제3권 12호(제35호), 1925. 12, .

위 시의 화자는 음력으로 한 해의 마지막 날인 (섣달) 그믐날에 열다섯 살을 지나보내는 감회를 노래하는데, 이는 앞서 살핀 선행 연구가 방정환 동시의 핵심을 애상성으로 간주하였던 것처럼 세월의 무상함에 대한 '애상'을 드러낸다고 볼 수도 있다. 그러나 작품을 섬세히 살피면, 시적 화자는 분명 "깃브기도하면서 / 섧기도하다"라고 하면서 나이 먹는 일의 슬픔과 기쁨을 함께 말하였다. 나이 먹는 일이 기쁘면서 슬프다는 역설적 발상은 위 시의 핵심 모티프인 '열다섯 살'과 밀접한 연관이 있을 수 있다. 다른 나이도 아니고 하필 '열다섯 살'을 동시의 중심 소재로 삼은 까닭은 무엇일까? 또한 '열다섯 살'을 떠나보내는 것이 어째서 그처럼 특별한 감정을 불러일으키는 것일까?

'열다섯 살'은 방정환의 아동교육론에 있어서 독특한 의미를 띠는 연령이라고 할 수 있다. 그가 주장하는 어린이 교육 방법에 따르면, "비교적 어린—가령 열두 살부터 열너더댓 살 된 소년—에게는 정서의 함양이라는 데 치중하여야 하겠고, 열대여섯부터 열칠팔 세까지의 소년에게는 지능적, 이지적 지도가 필요"하다고 한다.[21] 어린이를 기르는 데에는 획일적인 방법을 적용할 수 없기 때문에, 12세부터 14~15세까지는 정서 함양에 치중하고 15~16세부터 17~18세까지는 지성 함양을 강조해야 한다는 것이다. 방정환이 생각하기에 15세는 어린이의 정신적 능력이 감성 중심에서 지성 및 이성 중심으로 넘어가는 기점과 같다. 열다섯 살을 넘어가며 감성 중심의 정신 활동을 벗어난다는 것이 슬픈 일이기도 하지만, 그만큼 이지적인 능력이 발달한다는 것은 기쁜 일이라고 할 수 있다. 물론 작품 자체에는 감성이나 지성 등의 개념을 가리키는 시어가 나타나지 않는다는 점에서, 방정환이 주장한 연령별 아동교육론을 위 작품의 해석에 곧장 적용하는 것은 논리의 비약처럼 보일지도 모른다. 그러나 위 작품의 화자인 어린이가 일 년 동안의 일기에 적은 자신의 과거를 돌이켜보며 시간의 불가역성과 자기 삶의 방향성을 성찰하는 행위 자체가 15세경부터

21 方定煥 외, 「소년운동」, 『조선일보』, 1930. 1. 2.

본격적으로 발달하는 지성적 활동의 일종이라고 할 수 있다. 위 시는 추상적 개념어를 전혀 사용하지 않음으로써 동시의 미덕을 지키는 한편, 지적이고 성찰적인 발화 방식으로써 열다섯 살 무렵의 특징적인 정신 발달을 실감 있게 드러낸다.

이때 중요한 점은 "눈오는밤"의 시적 배경이 열다섯 살 어린이의 성장을 한층 더 감각적이고 의미 깊게 형상화한다는 측면이다. "그믐밤"은 한 해의 마지막 하루가 저물고 새해 새날 새아침이 밝아오기 이전인 '경계'의 시간이라는 점에서, 폭발적인 성장이 이루어지는 열다섯 살과 절묘하게 어우러진다. 이러한 밤의 시간에 "하엿케오는눈도 / 말이없고나"라는 시적 정황이 덧붙었다. '눈은 어린이의 정다운 동무'라고 하였던 방정환의 언급을 고려해 보면, 죽음 같은 겨울에 생기를 불어넣으며 내리는 눈의 활동성은 쉼 없이 성장하는 어린이의 활동성과 조화하며 소통하는 동무와 같다고 할 수 있다. 눈은 비록 말을 하지 못하지만, 그렇게 묵묵히 어린이의 복잡한 성장 과정을 곁에서 함께하며 동무 노릇을 한다. 시적 화자가 자신의 열다섯 살에게 "아—아잘가거라 / 눈길우으로"라고 말할 수 있는 것은, 눈이 자신의 성장 과정을 말없이 지켜봐주는 동무와 같기 때문이라고 할 수 있다. 이처럼 눈은 어린이의 성장을 곁에서 말없이 함께하며 지켜보는 동반자적 관계에 있다. 어린이의 성장은 하늘의 신성(우주적 생명력)을 가장 뚜렷하게 표현하는 활동 가운데 하나이므로, 하늘의 신성을 집약한 눈과 우정과 연대의 관계를 맺을 수 있는 것이다.

그렇다면 어린이에게 내재하는 신성(하늘님)으로서의 활동성은 구체적으로 어떠한 특징을 지니는가? 신성이 곧 활동성이라고 한다면, 모든 종류의 활동을 신성의 표현이라고 할 수 있을까? 예를 들어 하나의 생명체가 자신을 보존하거나 확장하기 위해서 다른 생명체를 짓밟고 억누르는 활동도 하늘님의 신성을 표현하는 활동이라고 할 수 있는가? 이 물음에 대한 해답은 방정환이 어린이의 신성 즉 활동성을 눈과 같다고 사유한 점에서 찾을 수 있다. 소파는 눈의 중요한 특징이 고운 마음과 부드러운 생각을 불러일으키는 데 있다고 언급하였다. "눈 오는 날은 마음이 고와집니다. … 아무라도 껴안고 싶게 다정해지는 눈 오는 날!"이라는 언급도 그러하며, "눈 오시는 것을 보면 아무라도 마음이 고와지고 생각이 부드러워집니다"라는 언급도 그러하다.[22] 소파의 동시 「눈 오는 새벽」은 어린이에게 내재하는 신성이란 무분별한 활동성과 달리 곱고 다정한 마음과 부드러운 생각에서 우러나오는 활동성임을 잘 보여준다.

아기들아 너의는 어대가느냐
새하연 양초들을 손에다들고
오늘도 함박눈이 쏘다지시니
새벽의 산골작이 나무다리가
밋그러워 다니기 위태할텐데

어머님 저의는 가겟슴니다
새하연 이초에 불을키여서
이뒷山 골작이 깁흔골작에
눈속에 떨고잇는 작은새들의
보금자릴 녹여주려 가겟슴니다

— 「눈 오는 새벽」, 전문[23]

위의 동시는 "어머님"과 "아기들"의 대화 형식으로 이루어지는데, 1연은 어머님이 아기들에게 질문하는 발화이고 2연은 아기들이 어머님의 질문에 대답하는 발화이다. 1연의 화자인 어머님은 함박눈 쏟아지는 새벽에 아기들이 새하얀 양초를 손에 들고 미끄러운 산골짜기 나무다리를 위험하게 건너는 까닭이

22 小波, 「눈 오는 거리」, 『어린이』, 1926. 12; 「겨울에 할 것—겨울방학에 무엇을 할까!」, 앞의 글.

23 「눈오는새벽」, 『어린이』 제4권 2호(제37호), 1926. 2.

무엇이냐고 묻는다. 2연에서는 아기들이 눈 속에서 떨고 있을 작은 새들의 보금자리를 촛불로 녹여주기 위하여 깊은 골짜기에 가고자 한다고 대답한다. 여기에서 단순히 "새들"이라고 하지 않고 "작은 새들"이라고 한 것은 "아기들"의 '어리고 작은' 속성과 공명한다고 볼 수 있다. "작은 새들"이라는 시적 기호와 "아기들"이라는 시적 기호 사이에는 '어리고 작음'이라는 공통 속성이 있는 것이다.

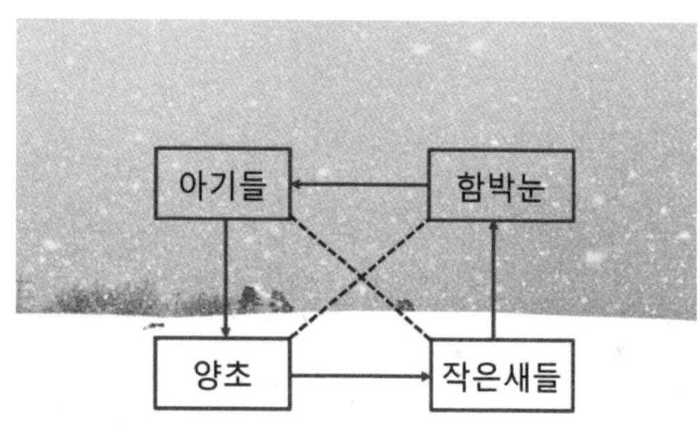

시적 기호들의 공통 속성에 주목하는 독법을 적용하면, 양초를 단순하게 양초라고만 표현하지 않고 "새하연 양초" 또는 "새하연 이초"라고 표현하여 양초의 '새하얀 빛깔'을 강조한 것은 함박눈의 하얀빛과 연결되는 것으로 볼 수 있다. 왜냐하면 작품 중에서 양초 이외에 흰빛의 성질을 띠는 것은 함박눈뿐이기 때문이다. 이와 같이 시적 기호들을 연결하는 유사성의 관계에 주목하지 않으면, 위 작품에서 함박눈은 아가들이 나무다리를 건너기 힘들게 만들거나 작은 새들을 추위에 떨게 하는 부정적 의미로만 읽히기 쉽다. 하지만 '함박눈-새하얀 양초'와 '아가들-작은 새'의 관계를 고려하면, 새하얀 양초의 불꽃이 작은 새의 둥지를 따뜻하게 녹이는 것처럼 함박눈은 아가들의 따뜻한 동정심을 불러일으키는 배경이 된다고 해석할 수 있다.

눈이 어린이의 동정심을 불러일으킨다는 발상은 방정환이 『어린이』 1927년 1월호부터 1930년 12월호까지 연재한 「어린이 독본」에도 잘 나타난다. 「어린이 독본」은 모두 20과로 이루어지며, 각 과마다 하나의 교훈적인 이야기를 담고 있다. 20과 중에서 '동정(同情)'을 주제로 다룬 것은 「제4과 참된 동정(同情)」과 「제12과 동정(同情)」인데, 두 과의 이야기는 공통적으로 내리는 눈을 배경으로 삼았다. 전자의 이야기는 다음과 같다. "하늘에선 흰 새의 나래같이 희고도 부드러운 눈송이가 펑—펑— 쏟아져 내리고, … 다른 동무들과 같이 줄돈은 없고, 어린 거지가 추위를 참지 못하여 발발 떠는 것을 보니 차마 발길이 돌아서지를 않아서, 그 소녀는 한참 동안 우두커니 서서 불쌍한 거지를 바라보고 있더니, 그만 두 눈에 눈물이 글썽글썽해지며, 무엇을 생각하였는지 별안간 거지 아해의 앞으로 와락 달겨들어 그 때묻은 이마에다 따듯이 입을 맞추었습니다."[24] 다음으로 후자의 이야기는 다음과 같다. "하—얀 눈이 퍼덕퍼덕 내리기 시작하는데, 행인도 적은 동리(洞里) 밖 신작로로 하잘것없이 엉성한 상여 한 채가 지나갔습니다. … 책보를 든 채, 배고프고 추운 것도 잊어버리고 어린 학생 세 사람은 어른들 틈에서 튀어나와 가엾은 상여의 뒤를 따라 먼— 산중까지 가 주었습니다."[25] 부드럽게 내리는 하얀 눈이 누구든 보듬어 안고 싶은 마음처럼 부드럽고 티 없는 마음을 불러일으킨다는 방정환의 말처럼, 「어린이 독본」의 제4과 제12과는 어린이의 동정심이 눈발 속에서 참으로 빛나는 장면을 제시한다.

작은 새를 위하는 아가들의 동정심은 작은 새와 아가들을 관통하는 '어린 생명'의 공통성에서 비롯한다. 여기에서 아가들이 작은 새를 살리고자 하는 마음은 아가들 자신을 살리고자 하는 마음과 구분하기 힘든 것이다. 위 시에서 어린이들의 활동성, 즉 우주적 생명력으로서의 신성은 한 생명체가 다른 생명체와의 공통성에 근거하여 자신의 생명을 살리고자 하는 마음으로 타자의 생명을 살리는 활동으로 나타난다고 할 수 있다. 이처럼 모든 목숨이 우주적 생명의 차원에서는 하나이며, 따라서 서로가 서로를 살리는 것은 우주적 생명이 우주적 생명을 살리는 것과 같다는 사유는 '하늘로써 하늘을 먹여 살린다[以天食天]'는 동학 특유의 사상과 상통한다. 해월 최시형은 하늘님이라는 하

24 「어린이 독본 제4과 참된 동정」, 『어린이』, 1927. 4.

25 「어린이 독본 제12과 동정」, 『어린이』, 1929. 2.

나의 에너지이자 하나의 마음이 우주만물을 빠짐없이 관통하고 있으므로, 개체적 생명의 편견이 아닌 하늘 전체의 견지에서 바라본다면 만물의 생명 활동은 하늘이 하늘 전체를 키우기 위하여 하늘로써 하늘을 먹여 살리는 것이라고 하였다.[26] 고립적이고 파편적인 개체의 생명만을 살리기 위하여 타자를 죽이고자 하는 활동성은 신성한 것이라고 보기 어렵다. 이와 같이 「눈 오는 새벽」에 나타나는 어린이의 활동성은 모든 목숨에 내재하는 하늘님의 공통성을 느낌으로써 남을 살리는 일과 나를 살리는 일 사이에 구별을 두지 않는 동정심의 발로와 같다.

【하늘로 돌아간 성령을 존재의 원천으로 느끼는 동심】

지금까지 방정환 동시의 시적 소재인 눈이 우주적 생명력으로서의 신성을 의미한다고 고찰하였으며, 그 눈의 신성이 어린이의 신성과 공명하는 것으로 표현됨을 살폈다. 눈은 어린이에게 내재하는 신성을 고무시켜서 외적인 행위로 발산되도록 이끄는데, 그것은 어린이의 동정심이 다른 생명을 살리고자 하는 활동으로 표출되는 것과 같았다. 신성이 각 생명체의 마음속에 있으면서 그 생명체로 하여금 다른 생명체들과의 에너지 교환 작용에 참여하도록 한다는 시적 사유는 수운 최제우가 제시한 '하늘님 모심[侍天主]'의 사상과 상통한다. 수운은 모든 생명이 하늘님을 모신 존재자이며, 이때 '모신다'는 것은 '마음에 신령함이 내재하고, 그것이 외적으로는 우주적 생명력의 변화 작용으로 표출된다[內有神靈 外有氣化]'는 뜻이라고 하였다.[27] 최시형은 '마음속에 신령이 있다'

[26] "吾道義 以天食天 以天化天 萬物生生 稟此心此氣以後 得其生成 宇宙萬物總貫一氣一心也(최시형, 「靈符呪文」, 『해월신사법설』, 310쪽)"; " 내 恒常 말할 때에 物物天이요 事事天이라 하였나니, 萬若 이 理致를 是認한다면 物物이 다 以天食天 아님이 없을지니(최시형, 「以天食天」, 위의 책, 390쪽)."

[27] "侍者 內有神靈 外有氣化(최제우, 「論學文」, 『동경대전』, 42쪽)."

는 것이 하늘님의 신성 자체를 일컬은 것이며, '외적으로는 우주적 생명력의 변화 작용으로 표출된다'는 것이 '하늘로써 하늘을 먹여 살리는 작용'을 뜻한다고 풀이하였다.[28] 자기가 위험해질 수 있음에도 산골짜기의 미끄러운 나무다리를 건너려는 행위는 내적 동정심이 외적 생명활동의 지극한 수준으로 표출된 것이라 할 수 있다.

동학에서 말하는 하늘님은 모든 생명체의 마음속에 내재하여 끊임없이 약동하는 생명력을 의미한다면, 어린이는 그 생명의 활동성을 가장 강렬하게 드러낸다는 점에서 가장 순수한 상태의 하늘님이라는 것이 소파의 아동관이다. 동학에서 신성의 내적인 측면과 외적인 측면을 논하였듯, 소파는 어린이의 본질인 활동성에 내적인 것과 외적인 것이 있다고 보았다. 달음박질을 하거나 씨름을 하는 것 등이 육체의 활동이라면, "아버지는 누가 나엇소 하러버지는 누가 나엇소, 맨 나종에 한우님은 누가 나엇소 하고 쉿가지 캐여뭇는 것"은 "눈에 보이지 안이하는 속생각"의 활동이라는 것이다. 육체적·외적 생명활동을 도우려면 장난감이 필요하듯이, 정신적·내적 생명활동을 북돋는 데에는 특히 동화와 동요가 필요하다는 것이 소파의 생각이었다.[29] 어린이 특유의 상상력과 같은 내적 활동성을 기르고 돕는 역할은 장난감보다도 동시와 같은 예술의 영역에서 더 잘할 수 있다는 것이다. 소파의 동시에서도 어린이의 속생각이 활동할 때의 특징을 표현하는 문제가 중요한 의미를 띤다.

여기서 한 가지 더 주목할 점은 소파가 어린이의 속생각이 활동할 때의 대표적인 사례로서 '존재의 원천에 관한 물음'을 제시하였다는 대목이다. 또 다른 글에서도 소파는 나를 낳은 엄마는 누가 낳았는지, 엄마를 낳은 외할머니는 누가 낳았는지, 외할머니를 낳은 외할머니의 엄마는 누가 낳았는지, 이렇게 "한

---

28 "大神師께서 侍字를 解義할 때에 內有神靈이라 함은 하늘을 이름이요, 外有氣化라 함은 以天食天을 말한 것(최시형, 「以天食天」, 앞의 책, 390쪽)."

29 方定煥, 「兒童問題講演資料」, 앞의 글, 12쪽.

이 없이 끝의 끝까지" 존재의 원천을 알고자 하는 어린이의 질문 활동을[30] "눈에 보이지 않는 속마음"이 활동하는 대표적 사례로 제시하였다.[31] 어린이의 속생각, 즉 내적 활동은 자신의 목숨이 어디로부터 비롯하였는지를 탐문하는 과정을 통하여 "한우님"과 같은 존재의 궁극적이 원천을 묻는 데에까지 나아간다는 데에 그 특징이 있다는 것이다. 방정환의 동시 「눈」은 자기 존재의 원천에 관한 궁리가 어린이의 독특한 내적 활동임을 표현할 때에도 '눈'이라는 시적 소재를 활용한다. 「눈 오는 새벽」이 어린이가 품고 있는 신성의 외적 활동(자아의 생명이 타자의 생명을 살리는 동정의 표출)을 형상화한 작품이라면, 「눈」은 신성의 내적 활동(자기 생명의 본질적 원천에 관한 궁리)을 드러낸 작품이라고 하겠다.

하눌[32]에서 오는눈은어머님편지[33]
그리우든사정이 한이 업서서
압바문안 누나안부 눈물의소식
길고길고 한이업시 길드람니다[34]

겨울밤에 오는눈은 어머님소식
혼자 누은 들창이 바삭 바삭
잘자느냐 잘크느냐 뭇는소리에

30 이처럼 존재의 원천을 무한히 소급하여 궁리하는 마음이 하늘님의 마음—소파에게는 하늘님 마음이 곧 어린이 마음이다—과 맞닿는다는 사유는 최제우와 최시형에게서도 찾을 수 있다. 예를 들어 수운의 불연기연(不然其然) 사상은 존재의 원천을 무한히 아득하게 소급하는 것이 인식 가능한 범위를 넘어선 '불연의 사태[事]'이지만, 그 끝의 근본에 하늘님과 같은 '기연의 이치[理]'가 있음을 뜻한다(최제우, 「不然其然」, 앞의 책, 80~84쪽). 또한 해월은 제사를 몇 대조까지 지내야 하는지의 문제와 관련하여, 이십 대나 삼십 대를 거슬러 올라가면 반드시 첫 조상이 있음에도 오늘날 사람들이 첫 조상의 영은 받들지 않는다고 지적하면서, 모든 인간의 첫 조상은 하늘님이 낳은 것이라고 말한다(최시형, 「向我設位」, 앞의 책, 372쪽). 이에 관해서는 박길수 선생님께 계발을 받았다.

31 「살림살이 대검토 1—가정생활 강의」, 『신여성』, 1931. 3.

32 곡보에서는 "하눌"을 "하날"로 표기하였다—인용자 주.

33 곡보에서는 "편지"를 "편지"로 표기하였다. "편지"는 오기—인용자 주.

34 곡보에서는 "길드람니다"를 "기다람니다"로 표기하였다—인용자 주.

잠못자고 내다보면 눈물납니다

— 「눈」, 전문[35]

「눈」의 시적 화자는 겨울밤 하늘에서 내리는 눈을 어머님의 편지 또는 어머님의 소식이라고 느낀 까닭은, “압바”와 “누나”와 시적 화자가 살고 있는 집에 어머님은 살고 계시지 않기 때문이다. 아빠도 누나도 자신과 한집에 같이 살고 있는데 어머님은 하늘에서 소식을 보낸다는 시적 설정은 어머님이 이 세상을 떠나 하늘로 돌아가셨음을 암시한다. 민윤식에 따르면, 방정환의 누나는 가세가 기울자 ‘입을 줄이기 위해서’ 시집을 갔으며, 방정환의 친모는 그가 19세 되던 1917년에 돌아가셨다고 한다.[36] 소파가 일본 유학 시절에 쓴 글에도 그러한 사정이 담겨 있다. “출가한 누님은 가난과 설움에 울고, … 우리의 생모이신 어머님은 지금 남대문 밖 이태원 공동묘지에 잠드신 지 오래도다.”[37] 소파의 아버지는 아내와 사별한 이후에 새 아내를 맞이하였다. 그렇다면 죽은 어머니가 하늘에 돌아가서도 자신의 남편이 재혼 후에 잘 지내고 있는지, 가난 때문에 시집보낸 자신의 딸이 잘 살고 있는지를 염려하리라는 것은 소파의 삶 속에서 자연스럽게 나올 만한 상상이라고 할 수 있다. 위 시에서 죽은 어머님의 넋이 가족 구성원 중에서도 특별히 시적 화자의 아버지와 누나에 관한 안부를 묻는다고 한 것은 방정환의 실제 생애와 어느 정도 연관이 있는 것이다.

죽은 사람의 넋이 하늘의 눈을 내린다는 상상은 유교적 세계관과 거리가 멀다. 유교적 세계관 속에서 별자리나 비바람과 같은 하늘의 작용은 천자(天子)나 왕과 같은 부류만이 관여할 수 있는 영역으로 간주되었기 때문이다. 사

35 方定煥 謠, 鄭淳哲 曲, 「눈」, 『어린이』 제8권 7호, 1930. 9, 5쪽.

36 민윤식, 『소파 방정환 평전』, 스타북스, 2014, 71쪽; 531쪽.

37 에쓰,피一生, 「달밤에 故國을 그리우며」, 『開闢』 제7호, 1921. 1, 148쪽.

람의 육신이 죽으면 그의 영혼이 하늘로 올라간다는 발상 자체는 기독교적 세계관에 더 가까운 것처럼 보인다. 그러나 플라톤적 기독교는 생성하고 변화하는 육체적 현실과 영원불변하는 정신적 세계 사이의 철저한 단절을 강조하는 형이상학적 이분법이라고 할 수 있다.[38] 때문에 천상의 영혼이 대지의 삶과 소통할 수 있다는 위 작품의 발상은 플라톤적 기독교의 이분법적 세계관과 상충하는 측면이 있다. 이처럼 위 작품의 발상은 인간의 삶이 천상의 영혼과 평등하고도 연속적으로 관계할 수 있다는 상상력에서 비롯한다고 볼 수 있다.

그러한 상상력은 방정환에게 깊이 영향을 미친 동학사상으로부터 비롯한 것이 아닐까? 이 가설을 검토하려면 먼저 동학의 생사관(生死觀)인 의암 손병희의 성령출세설(性靈出世說)을 살펴볼 필요가 있다. "지난 세대를 살아간 억조 개의 정령들은 뒤 세대를 살아갈 억조 개의 정령이 된다는 점에서, 선조의 정령은 자손의 정령과 융합하여 표현되고 선생의 정령은 후학의 정령과 융합하여 영원히 세상에 나타나는 활동을 하는 것이다."[39] 김용휘에 따르면, 이와 같은 의암의 생사관은 살면서 형성된 정신(성령)이 죽음 이후에도 없어지지 않고 하늘의 성령에 귀일되어 계속 세상에 영향을 미친다는 것이라 한다. 이처럼 한 사람이 죽으면 그의 성령이 하늘로 섞여 들어가 하늘을 변화시키며, 한 사람의 정신이 부가된 하늘은 다시금 다음 세대의 정신에 나타난다는 것이다.[40] 하늘로 돌아가신 어머니의 성령이 이 땅에 살아가는 가족에게 소식을 전하고 안부를 묻는다는 상상력은 죽음 이후의 생명과 죽음 이전의 생명이 끊임없이 상호작용한다는 성령출세의 사유를 눈 내리는 자연의 활동 속에서 감지하고 통

38 서구 전통 형이상학의 이분법에 관해서는 프리드리히 니체, 이진우 옮김, 『니체전집 19(KGW Ⅷ1) 유고(1885년 가을~1887년 가을)』 8[2], 책세상, 2005, 399~401쪽; 프리드리히 니체, 백승영 옮김, 『니체전집 20(KGW Ⅷ2) 유고(1887년 가을~1888년 3월)』 9[60], 책세상, 2000, 38~40쪽; 프리드리히 니체, 백승영 옮김, 『니체전집 21(KGW Ⅷ3) 유고(1884년 초~1889년 1월 초)』 14[153], 책세상, 2004, 161~164쪽을 참조.

39 "前代億兆之精靈 爲後代億兆之精靈之點 祖先之精靈 與子孫之精靈 融合表顯 先師之精靈 與後學之精靈融合 永遠出世的活動有之也(손병희, 「性靈出世說」, 『의암성사법설』, 648쪽)."

40 김용휘, 『손병희의 철학—인내천과 이신환성』, 이화여자대학교출판문화원, 2019, 57~59쪽.

찰한 시적 성취라 할 수 있다.

방정환의 동시가 이룬 성취는 성인 중심의 한국 현대시를 어린이주의의 시각에서 다시 조명케 하는 하나의 토대로서 삼을 만하다. 그 성취는 '눈'이라는 시적 소재가 방정환의 동시에 적지 않게 나타난다는 점과 연관이 있다. 소파의 동시에서 겨울에 내리는 눈은 자연의 생명력이 가장 위축된 때에도 그 속에 우주의 활동성(신성)을 불어넣는 하늘님의 딸로 표현된다. 자연물 중에서 신성의 결정체(하늘님의 딸)가 눈이라면 사람 중에서 신성의 결정체는 어린이라고 방정환은 보았으므로, 그의 동시에서 눈은 동심 속의 신성을 효과적으로 드러내는 매개체 역할을 한다. 이러한 맥락에서 눈과 어린이는 서로에게 내재한 우주적 생명력을 서로 나누며 길러주는 친구가 되며, 그렇게 양자 사이에 공명하는 신성은 겨울처럼 혹독한 현실 속에서 타자들의 생명을 살리려는 동정심으로 나타난다. 소파의 동시에서 눈과 어린이의 공통된 신성을 외적으로 표현한 것이 동정심이라면[外有氣化], 내적으로 작동하는 것은 존재의 원천[內有神靈]에 관한 호기심이라고 할 수 있다. 죽은 어머니의 성령이 하늘로 돌아가서 눈으로 내린다는 성령출세의 상상력은, 존재의 원천에 관한 진리가 동심을 통해서 드러남을 느끼게 한다.

이 글에서 해명한 방정환의 시적 성취는 동시의 사상적인 토대를 마련하는 데 어느 정도 기여할 것이라 기대한다. 눈을 소재로 삼은 방정환의 동시는 단지 동학사상을 어린이도 알기 쉽도록 풀어놓는 데 그친다고 보기 어렵다. 동학사상은 어른의 낡고 딱딱한 지식보다도 어린이의 무한히 생동하는 마음이 하늘님에 더 가깝다고 사유하기 때문이다. "아무리 우리의 욕심이 급하여도 교리나 교회 역사가 그대로 어른이 자기 지식만 가지고 그냥 해 주는 것이 그들의 머릿속에 들어가지 아니하는 것이요, 그것을 억지로 넣어 주잔즉 하품만 하다가 달아나고 그다음부터 오기를 즐기지 아니합니다."[41] 동시는 어른의 진

41 方定煥, 「천도교와 유소년 문제」, 『新人間』, 1928. 1.

리를 어린이에게 가르치는 도구가 아니라 어른의 생각보다 더 진리에 가까운 동심의 표현이라는 것. 그것을 밝힌 것이 소파의 문학사적 의의라 할 수 있다.

홍박승진

◈ 다시개벽 이전의 역사 아래 오랫동안 억눌려 온 인민의 시야를 통하여 한국 현대시의 역사를 다시 밝히려 한다

◈ 그 시야를 마련하려는 마음으로 올해는 「만해의 『유심』 기획과 한국 고유사상의 합류」, 「이상화 시의 대종교 미학」, 「이원론적 문명을 넘는 생명사상의 공명—한용운의 타고르 이해에 관한 재고찰」, 「한용운 시 「군말」 읽기—본래적 생명활동과 그 시적 표현」 등의 논문을 썼고, 『천상과 지상 사이의 형상—김종삼 시의 내재적 신성』, 『가장자리에서 지금을—하종오 리얼리즘의 서정과 서사』, 『눈물이 비추는 운명—해방 전 임화 시의 문명 비평적 애도』 등의 저서를 썼다

위기의 시대, 동학을 다시 읽는다

『동학의 재해석과 신문명의 모색』에 관한 서평

황종원

오늘날 세계적으로 보편화된 서구적 근대문명은 기후 위기와 코로나19 등으로 그 파국적 징후를 드러내고 있다. 이 징후들이 근본적으로는 상공업 정신과 기술에 기반을 둔 근대 산업문명에 원인이 있을진대, 이 위기에서 벗어나는 길은 인간과 자연, 인간과 인간이 협력하여 조화를 이룰 수 있는 '신문명'을 일구어내는 데 있을 것이다.

이 '신문명'을 모색하는 데 동학은 소중한 우리의 정신적 자산이다. 무엇보다 그것은 '하늘님 모심' 사상을 종지로 삼아 전통과 서구를 비판적으로 계승 혹은 수용함으로써 전통사회의 갖가지 사회적 차별을 제거하려 하면서도, 인간과 자연의 협력과 조화를 지향하는 생태적 정신을 계승하였기 때문이다. 이는 서구에 대해서는 그것이 지닌 민주정신을 수용한 것이자, 서구 근대문명의 반(反) 생태적 본질을 거부한 것이기도 하다. 이에 동학은 서구 근대문명을 비판적으로 성찰하고 신문명을 모색하는 일이 중차대한 시대적 과제가 된 이 시점에서 더욱 적극적으로 재해석될 필요가 있다.

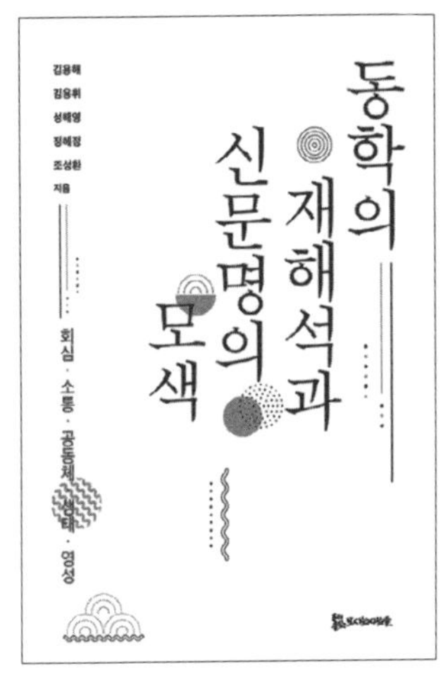

『동학의 재해석과 신문명의 모색』은 이런 깊은 문제의식, 시대적 과제에 대한 자각, 그 과제 해결을 위한 좀 더 과감하고 다양한 비교와 현대적 재해석 등을 고루 담고 있는 책이다. 전체적으로 보면 이 책에서는 다섯 학자가 신문명을 모색하는 데 가장 중요하다고 생각하는 가치를 각기 회심, 소통, 공동체, 생태, 영성으로 설정한 다음, 각자 치중하는 문제를 중심으로 종교학적 접근, 사상 비교, 새로운 사상 자료 발굴 등의 다채로운 방법으로 동학의 특징과 현대적 의미를 재해석하고 있다. 아래에서는 각 장의 주요 내용을 소개하며 그 의의가 어디에 있는지 이야기해 보겠다.

【회심】

첫 번째 글, "회심은 왜 중요한가?"에서 저자 김용해는 회심(回心)을 주제로 동학과 그리스도교의 대화를 시도하고 있다. 저자가 신학자이자 오랫동안 동학을 연구해 온 분임을 생각할 때 다루기에 가장 적절한 주제이자 연구 방법인 것으로 보인다. 신학자의 눈에 현재의 갖가지 전 지구적 위기 극복을 위해 무엇보다 필요한 것은 종교적 회심일 것이다. 그리고 신학과 동학을 함께 연구해 온 학자의 눈에 그리스도교는 서구적 근대화에 비판적이었던 동학과의 대화를 통해 그 시대적 책무가 더욱 뚜렷해질 것이다.

그의 분석에 따르면 동학의 비전은 신과 인간 사이의 소통성, 기운을 매개로 한 신, 인간, 자연의 일체성, 자연을 포함한 모든 존재자의 평등성, 그리고 인간의 행위 주체로서의 소명 강조로 요약된다. 이 넷 가운데 둘째, 셋째는 그리스도교와는 분명히 구별된다. 하지만 그는 회심이 동학의 비전 또한 관통하고 있음을 강조하여 동학과 그리스도교의 소통을 위한 가교를 놓는다. 그가 말하는 회심은 일반적인 회개와는 다르다. 그것은 '진실성' 혹은 궁극적 실재를 향한 '자기초월'이다. 따라서 강령주문도 지기(至氣)가 내려오기를 염원하는 일종의 동학적 회심이다. 쉽게 말해 그것은 자기중심적 삶을 버리고 궁극적 실재로 향하는 삶을 사는 것이다. 그는 젤피(D. Gelpi)의 이론을 참조해 회심이 인생 전 과정에서 이루어져야 하고, 종교적 회심이 중심이 되지만, 그것과 나머지 감성적, 지성적, 도덕적, 사회정치적 회심이 역동적으로 상호관계를 맺으며 한 인간의 인격을 완성으로 이끈다고 생각한다. 인간이 자기중심성에서 완전히 벗어나기란 어렵고, 종교적 회심이 그 어떤 회심보다 가장 근본적이라고 여기기 때문이리라.

회심이 인생 전체에 걸친 것일진대, 그것은 기나긴 여정이다. 김용해는 그 여정에서 사람들에게 요구되는 몇 가지 자세를 제시한다. 그는 우선 특정한 역사적, 문화적 환경에서 성장하는 인간이 필연적으로 한계를 가질 수밖에 없음을 인정하되 그로 인해 생겨나는 갖가지 편견에서 최대한 벗어나려고 노력해야 한다고 역설한다. 겸손하면서도 한계 극복을 위해 분투하는 자세를 가지라는 말로 들린다. 다음으로는 인간의 죄성을 깨닫고 용서의 중요성을 인식하고 실천해야 한다고 주장한다. 주지하다시피 그리스도교에는 죄에 대한 관념과 이를 용서하는 정신이 풍부하다. 그에 반해 동학에는 상대적으로 그런 관념과 정신이 박약하다. 김용해는 이 점을 지적하며 신학자로서의 정체성을 분명히 하고 있다. 마지막으로는 인간과 자연의 화해를 위해 노력해야 한다고 말하고 있다. 오늘날 지구생태계의 위기가 직접적으로 서구 근대의 상공업적 노동 양식에 기인함을 분명히 밝히고 있지는 않지만, 해월의 삼경(三敬) 사상을 부각시키고 있는 것을 볼 때 이 문제에서만큼은 동학의 생태적 사유가 풍부함을 저자도 분명히 의식하고 있는 듯하다.

회심은 종교 수행에서 상당히 중요한 위치를 차지한다. 이 글은 회심의 수행이 동학에서도 여전히 중요하고, 그리스도교의 그것과 비교할 때 동학의 회심과 관련한 사상, 관념이 어떤 강점과 약점을 보이는지 밝혀냈다는 데 의의가 있다.

【소통】

두 번째 글 "인간 내면에서 찾은 소통의 근거"에서 저자 성해영은 종교 사이의 소통이 절실히 필요하다는 문제의식에서 출발해 동학의 종교적 보편주의가 종교 간 소통을 가능하게 하는 근거임을 논하였다. 아울러 동학의 보편주의가 자칫 신비주의로 치달을 수도 있었으나, 이를 사회윤리에 대한 강조로 극복하였다고 주장하고 있다.

저자가 말하는 동학의 보편주의란 도의 측면에서 보면 서학과 동학이 같다는 수운의 발언[道卽同]에 근거를 두고 있다. 그는 이 발언을 근거로 동학은 동양의 유불선과 서양의 기독교가 모두 동일한 천도(天道)의 표현이라는 입장에 서 있다고 주장한다. 그리고 이러한 동학의 보편주의가 헉슬리(Huxley)의 영원철학(perennial philosophy)과 흡사하다고 말한다. 종교적 진리란 문화적 맥락에 따라 달리 표현된 것일 뿐이고, 영원한 진리는 신비적 합일 체험을 통해서만 파악될 수 있다는 헉슬리의 생각이 그러하다는 것이다. 그는 사람들이 수행을 통해 궁극적 실재와 합일되는 신비체험을 하고 이를 사상적으로 설명하려는 신념을 신비주의라고 하면서 동학에서도 그것은 오심즉여심(吾心卽汝心)의 신비체험과 그것에 대한 사상적 설명으로 나타난다고 말한다. 동학 역시 신비주의적인 요소가 적지 않다는 판단이다.

나아가 저자는 최제우가 어떻게 오심즉여심의 신비주의적 선언에 이르게 되었는지를 탐구한다. 처음에는 '나' 바깥의 상제로 인식되던 것이 어떻게 천사문답(天師問答)을 거쳐 '나'와 상제가 하나로 합일되는 일원론적 오심즉여심에 도달하게 되었는지 관련 사료를 살피며 재구성한다. 아무튼 상제와 신비롭게 합일되는 체험과 그것을 체험하기 위한 수행만을 강조했다면 동학은 다소 기괴한 신앙집단이 되었을지도 모른다. 그러나 실제로 동학은 처음부터 사회 윤리적 성격을 강하게 띠고 있었기 때문에 그런 위험성에서 벗어나 있었다. 최제우는 상제와 '나'의 합일 체험으로부터 사람이 모두 한울님을 자기 몸 안에 모신 존귀한 존재라는 점, 따라서 사람을 하늘처럼 섬겨야 한다는 점, 나아가 마찬가지로 한울님을 모신 존귀한 자연 또한 공경해야 한다는 점 등을 윤리적 규범으로 제시한다.

이상의 논의를 토대로 저자는 한편으로는 동학의 종교적 보편주의가 다른 종교에 대해 포용적 태도를 취한다는 점을 높이 평가한다. 하지만 다른 한편으로는 그것이 자칫 종교 간 차이를 간과할 수 있고, 가치 상대주의에 빠질 수 있음을 지적하며, 개인의 신비체험이 어떻게 천도의 보편성을 주장하는 근거가 될 수 있을지 묻는다. 그러고 나서 동학이 종교 다원주의적 관점에 서 있다는 통찰을 근거로 이 평가와 질문에 대해 나름의 대답을 구성한다. 첫째로는 동학에서는 천도가 보편적이라고 주장하지만 그 천도의 표현은 각 종교마다 달라질 수 있다는 논리를 포함하기 때문에 종교 간의 차이를 간과한 것은 아니라고 변호한다. 둘째로는 동학에서 모든 종교가 천도의 각기 다른 표현이라고 보기는 하지만 자기중심성을 넘어선 윤리적 실천을 가치 판단의 기준으로 삼기 때문에 상대주의는 아니라고 답한다. 셋째로 개인의 신비체험이 보편적 천도의 근거라는 생각은 확실히 믿음의 영역에 속하므로 그것이 인식론적으로 확실한 근거는 될 수 없음을 인정한다.

종교의 신념체계는 절대적이다. 그로 인해 서로 다른 종교 사이에는 충돌이 일어나기 쉽다. 특히 글로벌화로 그 충돌의 위험성은 더욱 커졌다. 이 점을 생각할 때 현대사회에서 종교 간의 소통은 확실히 중요한 문제이고, 이 문제에 대해 동학이 종교적 보편주의이자 다원주의이기도 하다는 저자의 재해석은 사뭇 흥미롭다. 또 초기 동학의 신비적 합일 체험에 대한 강조가 사회적 윤리에 대한 중시로 인해 신비주의로 치닫지 않을 수 있었다는 진단도 상당히 설득력이 있다.

【공동체】

세 번째 글 “동학의 신문화운동과 공동체론”에서 저자 정혜정은 오늘날 인류의 생존 위기가 상당 부분 자본주의체제와 관련이 있다는 문제의식에서 출발해 1920년대 초반, 동학적 사회주의운동을 주도한 이동곡과 이창림의 신문화운동 및 공동체론을 소개하고 평가하였다.

우선 조선의 신문화운동이 그보다 앞서 일어난 중국의 신문화운동에서 참조한 사상적 내용을 살피고 있다. 저자가 분명히 밝히고 있지는 않지만, 중국 전통문화가 ‘의욕’과 ‘환경’의 조화를 꾀하는 특징을 지녀 자연과의 조화를 중시해 왔다는 생각은 중국의 현대 신유학자 량슈밍(梁漱溟)에게서 취한 것이다. 그런데 중국의 신문화운동 지도자들은 이러한 중국 전통을 비판하고 오히려 서구적인 자연 정복적 태도를 취할 것을 주장했다. 이 중국 신문화운동의 사조를 참조하며 이동곡 등도 기본적으로는 반(反) 유교적 태도를 보였다. 다만 서구문화를 받아들일 때 민족적 주체성을 지녀야 함을 강조하기는 했다.

이렇게 중국 신문화운동의 영향으로 이동곡은 조선에서도 신문화운동을 펼치고자 했으며 그러기 위해서는 먼저 사상혁명이 있어야 함을 역설했다. 그가 말하는 사상혁명이란 자본주의에 반대하여 민족해방과 계급해방을 추구하는, 다분히 사회주의적 성격을 띤 것이다. 하지만 그것은 동시에 ‘우주적 자아’들이 함께 생산, 생활하는 공동체를 지향했다는 점에서는 동양적, 동학적이기도 하다. 이는 천도교의 중심 교의인 인내천(人乃天) 사상에 근거해 ‘정감적 삶’을 누리려 하는 것이기 때문이다. 그와 더불어 이동곡은 유교 사상 가운데 낡은 것들은 일소하고, 서구문화를 주체적으로 받아들여 신인간(新人間)에 의한 신문화가 건설되기를 희망했다.

이창림 역시 큰 틀에서는 동학을 사상적 기반으로 한 신문화운동론을 내세웠다. 다만 그는 동학이 전통 유불선 사상을 새롭게 일신한 것에 주목했고 동양적 가치를 긍정했다. 그 동양적, 동학적 가치의 핵심이 인간을 우주적 존재로 보는 인내천에 있다고 보고, 그것에 대한 자각에서 출발해 새 세상을 만들 것을 주장했고, 구체적으로 인간 사이의 연대와 협력을 지향하는 '한살림' 운동을 벌이자고 했다.

동학 연구자들 사이에서도 조선의 신문화운동 하면 일반적으로는 이돈화나 김기전을 떠올릴 뿐, 초기 신문화운동가인 이동곡과 이창림의 사상은 거의 연구되지 않았고, 중국 신문화운동과 조선 신문화운동 사이의 관계도 해명된 바가 없다. 이 점을 생각할 때 이 글은 우리에게 잘 알려지지 않은 초기 조선의 신문화운동이 동학의 이념과 당시의 사회 사조를 바탕으로 동학적이면서도 사회주의적 색채도 가미된 공동체를 지향했음을 알 수 있게 해준다는 점에서 그 의의가 충분하다.

【생태】

네 번째 글 "생태문명에 관한 동서양의 대화"에서 저자 조성환은 생태 문제를 중심으로 최시형과 토마스 베리 간의 대화를 시도하고 있다. 그는 이런 대화가 가능한 단초를 백낙청이 영국의 소설가 D.H. 로런스를 서양의 개벽사상가로 명명한 데서 발견한다. 실제로 로런스는 서구화된 현대인이 우주와 단절되어 우주를 상실한 삶을 사는 데 반해, '이교도'들은 우주와 함께 삶을 살아온 점에 주목하여, 그 상실의 해결책으로 우주와 인간의 유기적 관계 회복을 주장하였다. 또 저자는 독일 철학자 한나 아렌트도 지구로부터 인간의 해방이 지구소외를 초래한다고 생각했음을 언급하면서, 오늘날에는 급기야 지구소외가 지구위기, 즉 생태위기로 치닫고 있음을 지적한다.

생태위기가 현실화되는 21세기에 토마스 베리는 지구인문학이라는 개념을 제시한다. 그것은 "지구에 대한 이해를 바탕으로 지구에서 사는 법을 탐구하는 학문"으로 정의된다. 저자는 이를 동양철학적인 용어로 고쳐 "천도에 대한 이해를 바탕으로 인도의 실천을 추구하는 학문"이라고 부른다. 여러 생태철학자가 진단했듯 토마스 베리도 인간이 인간과 자연의 분리를 절대화하고, 자연을 인간을 위한 도구적 가치만을 지닌 것으로 간주해 온 것을 지구 황폐화의 근본원인으로 본다. 따라서 이런 위기에서 벗어나기 위해서는 지구를 인간을 포함한 모든 존재들이 공생하는 하나의 공동체로 보고 그 안에 있는 모든 존재의 생태 공동체 유지를 위한 역할을 제대로 이해하고 그것을 존중하는 실천을 함으로써 인간과 자연이 서로 협력하고 조화를 이루는 생태대(Ecozoic Era)로 전환할 것을 주장한다.

저자는 이러한 토마스 베리의 생태적 세계관과 윤리관이 동학의 그것과 여러 모로 흡사함을 주장하는데, 그 논의를 일본 최초의 환경운동가, 다나카 쇼조가 동학농민군을 '문명적'이라고 평가한 데서 시작하고 있다. 진정으로 '문명적'인 행위란 '도덕적'인 행위와 등치되는 것으로서, 백성에 대해서든 자연에 대해서든 폭력을 가하지 않는 것이라는 인식에서 다나카 쇼조는 그렇게 동학을 평가할 수 있었다고 저자는 추론한다. 나아가 그는 동양의 노장철학에서 도덕이란 본디 천지의 '도덕'이었음을 언급하며, 그런 '도덕' 개념의 생태적 함의를 최시형이 더욱 강화했음을 밝히고 있다. 잘 알려진 경물(敬物) 사상, 천지를 부모처럼 모시자는 천지부모 관념, 이천식천(以天食天)의 기화론 등이 그것이다.

최시형의 종교생태학적 사유는 이미 널리 알려져 있고 적지 않은 연구와 재해석이 있어 왔다. 하지만 현대의 여러 생태학적 사상과 그것은 끊임없이 비교, 재해석됨으로써 그 의미가 더욱 풍부해지고 깊어질 수 있다. 생태위기가 그 어느 때보다 분명히 감지되는 요즘, 토마스 베리의 지구인문학과 최시형의 생태적 사유 사이의 대화는 생태적 세계관과 윤리관 정립에 적지 않은 시사점을 줄 수 있다.

【영성】

다섯 번째 글 "오로빈도와 최제우의 인간 완성과 새로운 문명의 길"에서 저자 김용휘는 인도의 독립운동가이자 정신적 지도자인 스리 오로빈도와 최제우가 공통되게 영적 인간의 출현과 신문명으로의 전환을 강조했음을 밝히고 그것의 현대적 의의를 논하였다.

이성주의는 서구적 근대문명을 일군 신념이다. 따라서 서구 근대문명에 비판적이라면 이성에 대해서도 비판적일 수밖에 없다. 오로빈도가 바로 그랬다. 그는 서구 근대문명을 일군 이성은 분리되고 유한한 것만을 다룰 뿐이라고 했다. 서구 근대문명은 전체적이고 무한한 것에 대해서는 무기력하며, 이는 초의식(supermind)에 의해 파악될 수 있다고 보았다. 이 초의식은 우주에 충만한 영이 물질, 생명, 의식을 거쳐 한층 더 높은 단계로 자기를 드러낸 것이고, 이 초의식을 가진 인류의 출현으로 우주는 새로운 단계로 진화할 것이라고 예측했다. 또 이 새로운 시대에는 영적으로 자유로운 개인들이 하나로 연결되어 일체를 이루는 이상사회가 펼쳐질 것이라고 했고, 이러한 꿈을 계승한 미라 알파사는 실제로 생태적이고 자유로운 삶을 사는 오로빌 공동체를 운영하기도 했다.

이어서 최제우의 사상을 서술하는 부분에서 저자는 최제우와 오로빈도의 사상이 상통하는 점들을 부각시킨다. 이를테면 '하늘을 모시는' 삶이란 각기 "자기만의 향기와 빛깔을 가진 아름다운 꽃을 피워내는 삶"이라 하여 최제우도 영적으로 자유로운 개인을 추구했다고 여긴 점, '하늘'에 '님'을 붙인 까닭은 그것을 "생명과 기운으로 가득 찬 영성적 실재"로 보았기 때문이라고 한 점 등이 대표적이다. 또 동학의 개벽론은 일종의 신문명론이며, 신문명을 건설하기 위해 무엇보다 정신개벽을 강조했고, 자기 초월을 통해 타인, 나아가 자연과 연대, 협력하는 사회를 지향했다는 점 등을 분명히 했다.

저자는 두 사상의 상통하는 점들이 갖는 의미를 두 가지로 요약한다. 첫째는 그것이 오늘날 생태적으로 세계를 바라볼 수 있는 지혜를 줄 수 있다는 점이요, 둘째는 영적 인간의 출현을 통해서만 참다운 신문명이 도래할 수 있다는 점이다.

오로빈도와 최제우가 공히 서구적 근대에 비판적이었고, 영성을 중시했으며, 신문명의 도래를 꿈꾸었다는 점은 의미심장하다. 서구적 근대화의 폐단이 극한에 이르러 인류의 생존 가능성이 의구심을 일으키는 오늘날 그 위기를 극복하기 위해서는 무엇보다 생태적 영성을 길러낸 새로운 인류가 출현해 사회적 삶의 기반과 체제를 새롭게 재편해야만 한다는 점을 알려주기 때문이다.

황종원
◈ 주로 동양철학, 특히 전통유학과 동학에 흐르는 생태 철학적 사유를 탐구하는 일에 관심을 갖고 연구와 강의를 해왔다 ◈ 이 주제와 관련한 대표적인 연구 논저로는 『장재철학-천과 인간의 분리와 합일』, 「맹자의 행기소무사(行其所無事) 원칙과 성론(性論)에 대한 생태철학적 접근」, 「주자 인 개념의 자연생명론적인 의미」, 「최시형의 생태학적 사유와 평화」, 「최시형의 생태적 유토피아 및 도가, 유가적 유토피아와의 상관관계」 등이 있고, 대학에서 "생태철학" 강의를 하고 있다

다시잇다

RE: CONNECT

문화주의와 인격상 평등

『개벽』 제6호, 1920년 12월호

백두산인(이돈화)
현대어역 김현숙

근래 세계적으로 참신한 흥미로 인류에게 자극을 주는 것은 문화라고 부 르는 새로운 말이다. 세계 신사조는 문화적 목표를 이상으로 삼고 점차 그를 향해 걸음을 옮기는 것이다. 그러면 문화라는 것은 무엇을 지칭하는가. 문화에 대해 말해 봄으로써 세계 사조와 더불어 움직이는 것은 오늘 우리의 책임이라 할 것이다.

문화라는 말의 해석에서 먼저 대립할 말로 자연을 꼽는다. 즉 문화의 의의를 명백히 하고자 할 때 먼저 자연과의 대립을 말하지 않고서는 불가능하다. 원래 문화의 의미에는 가치라는 것을 포용하고 있다. 예를 들어 여기에 자연 그대로의 토지가 있다고 하자. 자연의 토지는 무가치한 천연물 그대로를 뜻한다. 거기에 인공을 가하여 가치를 만들면 처음으로 문화의 의의가 생기는 것이다.

이런 의미에서 문화는 자연과 구별할 만한 것이고, 이에 따라 문화에 관한 학문과 자연에 관한 학문은 연구 방법이 다르리라는 설도 있을 것이다. 자연에 관한 학문은 자연물을 개괄하고 통일하며 그로부터 분류해 나가는 것을 목적으로 한다. 이는 곧 자연과학이다. 단순히 물질뿐 아니라 정신상의 현상이라 칭하는 것들 또한 자연현상처럼 처리한다. 즉 심리학·경제학·언어학 등 또한 자연과학이라 칭하는 것이다. 이런 등등에 비춰볼 때, 정신현상에서 어떤 표준을 현출(見黜)하고 어떤 정신작용이 무슨 이유로 다른 정신작용보다 우수한 의미를 가졌는지 운운하는 연구는, 자연과학 영역을 떠나 가치적 사고로서 현상을 연구하는 것이다. 이것의 이름은 문화과학이라고 한다. 여기에서 문화와 자연이 처음으로 대립하게 된다.

문화와 이상의 관계

다음으로, 문화에는 노력 즉 가치가 있다고 말하는 것에서 더 나아가 문화에는 스스로 어떤 이상을 수반한다는 것이 가능하다. 어떤 경우, 문화는 이상이라고 말해지는 관념과 분리된다. 그렇지만 동일한 것으로 해석하는 것이 불가능한 것은 아니라서, 이상적 의미의 문화는 현실적 사실과 대립하는 것이 된다.

이처럼 문화는 그저 자연이라는 일반의 것과 대립할 뿐만 아니라, 타방면 즉 이상과 실현되는 사실의 구별 특히 실제상 실익에 합하는 일과 그렇지 않은 것의 구별에서도 논해질 수 있다. 예컨대 정치에 관한 일이나 혹은 법률 경제 등에 관한 일을 문화사업과 특별히 구별해 볼 수 있다. 역사에서 정치사와 문화사를 구별한다. 역사라면 일반적으로 정치 중심으로 이뤄지고 또 그렇게들 여긴다. 역사에서 예술·풍속·학술 등의 일반 인문의 진보는 정치사와 구별하여 문화사라고 하는 것이 가능하다. 이런 의미에서 문화라는 것은 현실적 요소와 다소 대립하여 이상적 의미로 해석하는 것이 무방하다.

그런데 문화를 이상이라고 말할 때 그 의미가 아주 협소해지는 경우가 없지 않다. 원래 이상적 생활에는 도덕 비슷한 것도 포함된다고 할 수 있다. 어떤 것이냐 하면 도덕이란 일면에서는 실제의 사업이지만, 또 다른 면에서는 정치 경제 등과 비교하면 경우에 따라 그보다 더 높은 이상적 의미가 있다. 그런 의미에서 이상과 도덕은 밀접한 관계라고 할 수 있다. 이때 문화라는 말을 좀 더 협의로 사용하면 도덕과 다소 구별된다. 즉 도덕을 인간 사업 중에서 예술과 학술이라는 것과 대립시키는 경우 도덕 이외의 것을 문화로 칭할 수 있다. 이렇게 문화를 극단적으로 협의로 사고하면 문화는 도덕을 제외한 인류의 이상적 방면의 것이라고 할 수 있다.

문화를 좁히되 위에서보다 광의로 말하면, 도덕을 포함한 여러 가지 인생의 이상적 방면을 가리킨다고 하겠다. 물론 문화로부터 도덕을 제외하는 것은 문화를 너무 협의로 해석하는 감이 없지 않다. 여하튼 세상의 도덕 학자 말에 따르면 도덕이란 사람에게 가장 절실한 것이고, 도덕 이외의 것은 모두 도덕의 방편에 불과하다. 이와 비슷한 견지에서 문화를 보면, 문화 또한 타방면에 비해 자유로운 위치에 있다고 주장할 수 있다. 즉 보통 도덕이 일상 행위의 규정에 관한 실제적 의의라고 할 때, 인생의 순수한 이상적 생활은 문화라는 어구로 표현하는 것이 편리해 보인다.

다음으로 인생에서의 이상, 이것의 본질 문제이다. 이상에서는 가치가 중심 관념을 이룬다. 가치란 현재의 사실[現實] 즉 현실과는 다른 것으로, 이상은 장래 도달할 만한 표적과 연관된다. 대략적인 것이야 지금까지 상황으로 추측은 가능하다. 그러나 여기에 어떤 가치가 존재할지 또 어떤 방면으로 나갈 수 있을지, 이를 운운할 때 어떤 절대적 결정이란 가능하지 않다. 이런 의미를 베르그송은 '생적 도약(生的 跳躍)'이라는 말로 가치의 성질을 나타냈다. 또 후설은, 여러 가지 자연법칙에는 그 법칙에 속한 것보다 이러한 현상을 지배하는 것 즉 법칙의 필연적 관계에 속하지 않는 부분이 있는데 이를 법칙의 우연성이라고 칭하였다.

마찬가지로 여러 현상이 복잡해지면서 새로운 우연성이 나타나는 것도 의지의 자유를 설명할 근거가 된다. 이와 비슷한 의미에서 현실로는 설명하기 어려운 가치 생활의 전체가 되는 이 문화는 자유라고 일컬어지는 것과 극히 밀접한 관계가 있다. 문화는 한갓 변해 가는 것이 아니라 어떤 일정 법칙에 의해 필연적으로 발달하여 가는 것이다. 그러나 다른 측면에서는 득위(得爲; 어떤 일이든 무엇을 하겠다는 의지로 이를 해내는)하려는 사람의 능력이 결합하여 있다. 이 능력이야말로 사람을 사람답다고 하게 하는 특색이다. 자유라는 것은 여러 가지 중에서 무엇을 할지 말지 어떻게 할지 등의 선택과 관계가 있다. 그렇기에 의지의 자유는 도덕을 설명할 때 기초적인 관념이 된다. 그리고 그 의지의 자유와 문화는 관계를 깊이 맺고 있다. 의지의 자유가 있는 사람은 사람이 사람 되는 본성을 구비한 것이다. 그 사람됨이 본성이 인격이다. 그러므로 문화는 인격과 서로 얽혀 있어서 분리하기 어려운 관계이다.

문화의 관념을 위에서처럼 여러 분야로 나누어 살펴볼 수 있으나, 이를 총괄하면 결국 문화는 사람 능력의 자유 발달에 귀착한다고 생각한다. 즉 사람은 인격이 있으므로 인격이 있는 사람으로서 여러 가지를 자유로이 발전시킨 것이 문화라 할 것이다. 즉 단순히 도덕 혹은 학술을 가리키는 협의의 것들에 그치지 않고, 여러 방면에 걸쳐 사람의 활동력을 자유롭게 발달시켜서 향상에 향상이 더해진 발전이다. 이 문화로써 생활의 중심을 삼는 사상을 문화주의라고 하는데, 이를 두고 많은 말이 필요하지 않다.

문화와 인격적 평등

문화가 인격주의로부터 비롯된 것이라면, 문화는 무엇보다도 먼저 논리상 국토 시대의 경험적 내용을 초월한, 선천적 기초 위에 세워진 것이다. 이런 선천적 기초를 가진 사람은 논리상 먼저 선험적 자아 즉 인격에 치중해야 한다. 그러므로 문화를 말하면서 개조를 말하는 것은, 먼저 이와 같은 인격적 존재를 미리 생각할 것이며, 이와 같은 인격 위에서는 평등관이 성립하지 않을 수가 없다.

자기 나라 안에서 인민이 사회적으로 평등한 대우를 받고, 정치적으로도 평등한 권리를 갖는다는 것이 오늘의 큰 흐름이다. 소위 노동문제, 부인문제라는 것도, 결국 이 문제에 연결된 내면적 의의가 있을 것이다. 그러므로 소위 평등이라며 권리가 같다고 하는 것은, 여러 가지 사정을 도외시한 절대적인 권리의 동등을 말하는 것이 아니다. 즉 사람들은 사회 안에서 서로 다른 직업을 가지며 여기서 얻는 보수도 필연적으로 차별이 생기는 것은 당연한 일이다. 만일 동등을 놓고, 사람들 모두 똑같이 밭을 갈고 똑같이 베를 짜야 한다는 것을 뜻한다면, 이는 재차 야만의 상태로 돌아가자는 것이 아니겠는가. 사회적 차이가 간혹 불평등이나 부동권을 초래하는 부득이함을 사회진화 이법상 당연한 것으로 생각하더라도, 이는 단지 경험상의 내용에서나 말할 것이요, 원론적으로 말하면 어떤 사람일지라도 그가 인격이 있는 한 그는 동등의 가치를 가지는 자이다. 따라서 소위 인격이란 사람마다 문화에 참여할 자격이 있다는 것을 정한 것이다. 소위 그 자격이 사람마다 어떤 차이가 있다는 것을 설명하는 것은 아닐 것이다. 어떤 직업을 가진 사람이라도 그 직업에 전력을 다하면 그 인격이 발현될 것이다. 그러니 사람마다 이 인격을 갖춘 이상 누구든지 동일한 평등 위에 세워야 할 것이 아니겠는가. 그러한데 왕왕히 경험하는 것은 차별로 이들을 구속하거나, 형이상학적 이상체를 세워 나머지 등등의 인격 존재를 용인하지 않았다. 이래서 과거에 있던 여러 폐풍이 생겨난 것이다.

소위 '데모크라시'라는 것은 이러한 인격을 기초로 성립한 것이다. 이 인격주의를 기초로 하기 때문에, 왕왕히 평등주의의 폐단인 평범주의가 낳는 무법한 무차별 평등 관념을 제거할 수 있는 것이 아닌가. 만일 '데모크라시'가 사회상의 평등을 기초로 사실상 다수를 점한 열악자의 수평선으로 사람들을 끌어내린다면, 이를 두고 깊고 철저한 세계개조와 문화라고 말하기는 곤란할 것이다. '데모크라시'가 완전한 인격을 그 수평선의 표준으로 삼고 이 정신이 사회에 유행하게 하는 것은, 곧 그 시대에 있는 고도의 문화로 민중을 끌어올리는 의미의 평등주의라고 할 것이다. 이와 같은 평등주의에서야말로 처음으로 민중의 바람직한 표본이 되는 천재의 존재를 인정하게 할 수 있다. 문화의 자유 발전, 소위 생적(生的) 도약을 인정하고 허용하면, 많은 사람들이 곡해하는, 법도에 맞지 않는 차별과 민본주의의 정신을 아주 뚜렷하게 구별하는 것이 가능하다. 여기에서 문화주의와 인격주의는 밀접한 관계가 있다고 할 수 있다.

【역자 해제】

이 글은 문화가 무엇인지 골똘히 추적한다. 가치 추구에 무심한 자연과 비교하고, 정치 경제와 같은 현실적이고 실제적 가치를 추구하는 것들과 구분하고, 이상적 가치를 추구하기에 비슷해 보이는 도덕과는 어디가 닮고 다른지를 짚어본다.

문화 구축이 세계 사조이어서만은 아니다. 문화라는 가치 추구의 집적물이 나타나려면, 무엇을 해 보려는 의지와 이것의 실현에 토대가 되는 자유가 절대적으로 수반되어야 한다는 점을 눈여겼기 때문이다. 인간의 자유 의지를 강조하고자 이돈화는, 합리주의나 이성주의와 거리를 둠으로써 예견이 불가능한 삶 그 생기를 논하는 베르그송, 그리고 인식에 이르는 것은 과학 법칙적으로 이뤄지는 게 아니라 대상을 향한 의식의 작용으로 우연히 발생되곤 한다는 것을 지적했던 후설을 살짝 끌고 들어온다. 요컨대 이돈화에게, 과학이나 이성처럼 법칙껏 작동되는 것은 자연과학과 관련되고, 생에 대한 의지와 무엇을 인식해 보려는 의식은 자유와 관계하면서 문화과학을 이루는 것이었다.

무엇을 스스로 해 보려는 의지의 발동과 이것의 구현에 나서는 것, 이돈화는 이를 인간의 본성 즉 인격으로 정리해 두었다. 서두에서 매우 중요하다는 듯 길게 논한 문화를 이 인격과 연결한 이돈화는, 문화를 말함으로써 이 문화를 성립시키는 인간의 자유 그리고 평등을 더욱 간절하게 강조할 수 있었다. 식민지의 이돈화에게 개벽 그리고 자유와 평등, 그리고 문화주의는 삼위일체를 이루는 것인 듯싶다.

이돈화(글쓴이)

◈ 이 글을 쓸 때 백두산인 이돈화는 37세였다 ◈ 그는 이미 1910년대부터 천도교의 이론가로 활동하였다 ◈ 1920년 『개벽』 창간 이래, 이돈화는 주간으로서 또

장년(당시로서는) 논객답게, 조선이라는 민족 집단의 운명을 가늠하며 자신의 종교와 사상을 정돈한 글들로 당대 독자들과 소통해 오고 있다 ◈ 이러한 글쓰기에서 이돈화는 배짱이 맞는 정신들이 있으면 동서고금을 묻지 않고 낚아채서 미친 소화력으로 자기화한다 ◈ 새로운 시대를 열어가려는 정신으로서 이돈화가 보이는 적극적인 지적 분투는 매 글마다 흥미롭다 ◈ 다만, 이런 이돈화이기에 1930년대 후반 그의 친일 행적은, 자신이 이번 글에서 말한 인격이 어떤 중대한 침해를 받아서 만들어진 좌절의 산물인지, 새로운 문화의 건설을 향한 새로운 득위(得爲)인지 묻지 않을 수 없다

김현숙(옮긴이)
◈ 김현숙은 아동문학 연구자이다 ◈ 현재의 관심은 '1920년대 사람들이 왜 아동에게 문학을 제시했는가'이다 ◈ 전에 없던 일의 발생이었으니 흥미로워하며, 당연히 관련 글을 준비 중이다 ◈ 그 준비에서 방정환을 만났는데, 그 뒤에 김기전, 이돈화가 있었으니, 어느덧 개벽라키비움-강독회에서 『개벽』 읽기를 하고 있다

개벽라키비움-개벽강독회
◈ 줄여서 '개벽강독회' ◈ 매 모임마다 개벽 한 호를 읽는다 ◈ 모임은 월마다 두 번을 갖는다 ◈ 2021년 현재 1922년도의 개벽을 읽는 중이다 ◈ 코로나 시절이라, 온라인 화상으로 만나 공부한다 ◈ 지난 7월 '개벽 시대 탐방'이라는 제목으로, 『개벽』이 발간되던 곳, 개벽사 사람들의 활동 공간들을 답사해 보았다 ◈ 동학들은 얼굴을 보고 밥과 차를 나누니, 개벽강독회에 대한 여러 발전적 계획들을 뿜어냈다 ◈ 부디 이 모임에 얼른들 오셔서 베풀고 또 받으셨으면 한다

종교는 철학의 어머니

『천도교회월보』 제3호, 1910.10, 5~8쪽

이관 李瓘
현대어역 박길수 · 조성환

'철학'이라고 하는 것은 어떤 학문을 지칭하는가? '철'이라는 글자의 이면에 지극한[盡美] 의미[意想]를 포함하고 있는지라. 대저 그 학문이 사상의 법칙을 일러주며 사물의 원리를 설명하니, 사상이 미치는 곳과 사물이 존재하는 곳이라면 그 어느 것이 철학이 없으리오. 그래서 정법(政法)의 원리를 논하면 정법철학(政法哲學)이 있으며, 사회원리를 논하면 사회철학이 있으며, 도덕원리를 논하면 윤리철학이 있으며, 종교원리를 논하면 종교철학이 있으며, 논리의 법칙을 정하면 논리철학이 있으며, 심리의 법칙을 정하면 심리철학이 있어서, 역사와 문학과 교육에 이르러도 철학이 있지 않은 것이 없는지라. 더 미루어 나가 보면 백과(百科)의 학문이 철학의 법칙에 기초하지 않는 것이 어찌 있으리오.

그 학문에 두 가지 학파가 있으니, 하나는 유물파(惟物派)요 하나는 유심파(惟心派)라. 유물파는 말한다: "세계는 물질로 이루어진 것이라. 세상의 모든 사물의 원리와 원칙을 정밀하게 연구하고 세세하게 탐구하여 원리 중의 원리와 원칙 중의 원칙을 드러내는지라. 이로써 유물론(惟物論)이 일어나니 그 학문을 조성하는 실적(實迹)과 민지(民智)를 개발하는 능력이 세계의 문명을 꾸며내며 개인의 생활을 보유하게 하나니, 이는 유물파의 철학이라 할 수 있다."

유심파는 말한다: "심성(心性) 밖에는 세계가 없는지라. 세상의 어떠한 사업과 어떠한 도리가 심성으로부터 유출된 것이 아니겠는가. 양심(良心)은 곧 리

(理)이다. 양심으로 어버이를 섬기면 자연히 효도를 이룰 것이요, 양심으로 사람을 대하면 자연히 애정이 생길 것이요, 그 외의 일에 응하는 것과 사물에 접하는 것이 양심이 아닌 것[非心]에 이끌리지 않고 순연히 양심을 쓰면 천리와 합치되고 인의(仁義)에 들어맞는지라. 이로써 유심론(惟心論)이 생겨나니, 그것이 사람과 만물을 만들어 내는 방침과 본원을 직간(直看)하는 혜안(慧眼)이 인도상(人道上) 정의를 세우며 지행합일을 제창하니, 이는 유심파의 철학이라 할 수 있다."

그렇다면 두 학파의 학설이 바른 견해가 아니라고 할 수는 없지만, (유물파는) 물질의 다양성[萬殊處]에 나아가서 각각 깊이 연구하여 지극한 경지에 이르며, (유심파는) 심지(心地)의 집중을[主一] 향해 홀로 마음을 다잡는 것이 높은 경지에 이르니, 비유컨대 유물자(惟物者)의 논리는 봄 들녘에 가득한 새싹들이 불긋불긋하고 푸릇푸릇한[紅紅綠綠] 것이 각각 태극이 아님이 없으나[無非分子太極], 일홍(一紅)과 일록(一綠)의 태극은 본다고 하겠지만 홍록(紅綠)의 전체 태극[統體太極]은 아직 깨닫지 못한 것이라 할 것이다. 유심자(惟心者)의 주장은 하나의 거울[一鑑]을 견지하여 만상(萬相)을 비추면 만상의 미추(美醜)가 이 거울을 벗어날 수 없으니 나의 하나의 거울로 자족(自足)하다고 말하고, 인상(人相)과 중상(衆相)에도 각각 하나의 거울[一鑑]이 존재한다는 사실은 알지 못하니, 두 학파의 학설이 모두 한쪽에 치우침을 면할 수 없도다.

'종교'라고 하는 것은 신앙(信仰)을 종(宗)이라고 하고 전도(傳道)를 교(敎)하고 하니, 그 기능을 논하면 사람의 마음[心界]으로 주관을 삼으며 물질[物界]로 객관으로 삼아서, 주관자의 생각[意想]으로 어떤 대상[一物]을 지정하여 신앙을 의탁하되, 이 대상이 우리의 지극한 소원을 실현시켜 준다고 생각하여 나의 수명(壽命)도 이에 달려 있으며, 나의 복록도 이에 달려 있으며, 이 대상이 나에게 예언을 알려 주어 나의 앞길과 세상의 장래를 환하게 미리 알려 줄 수 있을 것이라고 생각하여, 진실한 마음으로 간구(懇求)하며 지극한 정성으로 발원(發願)하여 일분일초도 쉼이 없으면, 주체의 정성의 근력이 객체의 감응선을 서로 맞이하는지라. 짐승과 물고기도 알을 낳을 수 있으며 목석도 말할 수 있는 특별한 이적(異迹)이 나타나니, 그 효과는 자기만 누릴 뿐 아니라 그 감화력이 중생을 이끌어서 자기와 같은 신앙을 갖게 할 수 있으면 자기와 같은 복록을 얻는다고 하니, 이에 한 사람이 따르고 두 사람이 믿어서 명척(冥隲)을 바라며 복전(福田)을 개척하되, 그 가르침을 주관하는[主教] 사람의 기능 하에 귀명(歸命)하여 우러르는[所戴] 대상을 신앙하는지라. 그 정결한 계율을 지키고 천복(天福)을 닦음에 이를 보조하는 법칙이 있으니, 항상 머릿속에 한 분의 참된 주재자[一位眞司]가 의연히 임재하여 나의 행동을 모두 단속한다고 생각하며 나의 사상을 관조한다고 생각하여, 눈에 바르지 못한 것이 보이면 이 대상[一物]을 두려워하여 감히 보지 못하며, 귀에 바르지 못한 소리가 들리면, 이 대상을 두려워하여 감히 듣지 못하며, 입으로 이치에 어긋난 말을 내뱉지 않으며, 마음으로 법도에 어긋나는 생각을 일으키지 않으며, 부모를 섬김에 혹시라도 효도를 어길까, 임금과 스승을 섬김에 혹시라도 바른 길을 벗어날까, 동포(同胞)를 대함에 혹시라도 애정이 부족한가, 모두 이 대상의 단속과 제재를 받으니, 모든 마음[一心]이 법도[彀律] 안에서 세워지고 온 몸이 규칙을 따라 행동하여, 세상의 수많은 학술기예(學術技藝)가 다 이 문호를 따라 나오니, 종교는 문명의 어머니란 말이 과연 거짓이 아니로다.

종교가(宗教家)는 흐릿한[迷夢] 이치를 믿으며 철학가(哲學家)는 드러난 상(相)을 주로 하나니, 리(理)란 형이상(形而上)의 대상[物]이라. 혜안(慧眼)으로는 자세히 알 수 있을지언정 육안(肉眼)으로는 보지 못할 것이요, 도심(道心)으로는 이해할지언정 인심(人心)으로는 엿보지 못할 것이라. 헤아려서 알 수 없는 가운데 희망할 수 없는 대상을 구하는 것이다. 상(相)은 형이하(形而下)의 대상이라. 모습과 형상을 통해서 원소를 탐구하며 성질을 분별하여 그 변화하는 정도에 마땅하게 할 것이다. 연구하는 가운데 예측을 하고 실제로 해 보는 데서 정점에 이르나니, 현상적인 것을 근거로 하는 사람이 흐릿한 것을 믿는 사람을 보면 “미신이다, 어리석다” 하고 매번 헐뜯겠지만, 흐릿한 가운데 지극한 정성이 생겨나고, 지극한 정성 가운데 조화가 나타나서, 세속의 얄팍한 생각으로는 헤아리기 어려운 좋은 결과[善果]와, 경영하기 어려운 사업과, 공부하기 어려운 학술과, 바라기 어려운 신령한 이적[靈異] 또한 생겨나는 것을 깨닫지 못하나니, “미신(迷信)이 곧 정신(正信)이라”는 말이 잘못된 말이 아니로다. 철학은 마침내 과학으로 전락하여 말류(末流)의 분쟁을 자초하나니, 문명의 정도가 극도에 달할수록 성신[誠信]의 근력은 박약해지는지라. 그러므로 세상의 흐름을 바꾸고 인문(人文)을 혁신코자 할 때 종교의 자궁에서 잉태하지 않으면 결코 좋은 미래[善後]가 없을 것이라고 말하노라.

【해설】

이 글은 1910년 10월에 『천도교회월보』에 실린 글로, 『천도교회월보』에 실린 모든 글들중에서 제목에 '철학'이라는 말이 들어간 최초의 글이다. 따라서 이 글을 통해서 당시의 천도교가 '철학'을 어떻게 이해하고 수용하였는지를 엿볼 수 있다. 참고로 같은 해 2월에 나온 손병희의 『무체법경』에도 '철학' 개념이 나오는데, 양자를 비교해 보면 둘 다 철학을 종교와 같이 논하고 있고 철학보다는 종교를 우위에 두고 있다. 다만 이관의 경우에는 철학에 대해 나름대로의 정의를 내리고 있고, 철학의 유파를 유물과 유심의 두 유파로 나누고 있는 점 등, 손병희의 철학 개념에 비해 보다 상세하고 심화된 느낌을 준다. 『천도교회월보』에는 이관의 「종교는 철학의 어머니」 외에도 철학을 논한 글들이 많이 실려 있는데, 이 논의들은 한국에서의 철학 개념 정립 및 서양철학 수용사에서 중요할 뿐만 아니라, 천도교 내적으로는 이러한 작업들이 축적되어 1931년에 이돈화의 『신인철학』이 나왔다는 점에서도 주목할 만하다.

이관(李瓘, 1860-1928): 이종일 등과 함께 천도교 1세대 철학자로, 대한자강회 회원(1907) 및 천도교회월보과장(1910.09) 등을 역임하고, 1919년에 보성사에서 인쇄한 독립선언서를 배부하다 격문 기초자로 체포되어 8개월간 투옥되었다. 1921년 미국 워싱턴에서 군축문제로 회의가 개최될 때 한국의 독립을 승인케 하고자 대한민국회의 대표 자격으로 독립청원서에 서명 제출하고 2년 7개월간 활동하였다.

『천도교회월보』: 천도교에서 간행한 월간지로, 1910년 8월 15일에 창간되어 1938년 9월에 폐간되었다(총296호). 구성은 교리부·학술부·기예부(技藝部)·물가부(物價部) 등으로 이루어져 있고, 학술부는 지리·역사·물리화학·경제·농업와 같은 당시의 신학문과 생활교양물 그리고 소설 등을 수록하고 있다. 이와 같이 『천도교회월보』는 종교잡지의 틀을 넘어 민중계몽과 민족문화 향상이라는 과제를 감당해 나갔다. 내용면에서도 1920년에 창간된 『개벽』, 1923년에 창간된 『어린이』의 전사(前史)로서 『개벽』의 핵심 필자를 양성하는 역할도 겸하였다. 아울러 동학에서 천도교로 개신한 이후 '신종교'로서의 천도교의 정체성을 확립하는 과제를 수행하고, 서구의 철학사상을 수용하면서 동학-천도교의 철학사상을 전개하고 교리체계를 확립하는 핵심 매체로 기능하였다. 그러나 『천도교회월보』의 실제 내용은 지금까지 거의 알려지지 않았다. 그 일단을 『다시개벽』에 소개함으로써 '다시개벽' 담론의 심화를 기대해 본다.

박길수 본지 발행인
조성환 본지 편집인

教門訂議

宗教ᄂᆞᆫ哲學의母

李瓘

哲學이라稱ᄒᆞ은何等學問을指ᄒᆞᆷ이뇨哲字의裏面에讚美ᄒᆞᆫ意想을已含ᄒᆞᆫ지라大抵其學이思想의法則을曉ᄒᆞ며事物의原理를講ᄒᆞ니思想所及과事物所存이何者ㅣ非哲學이리오是以로政法原理를論ᄒᆞᆫ진ᄃᆡ政法哲學이有ᄒᆞ며社會原理를論ᄒᆞᆫ진ᄃᆡ社會哲學이有ᄒᆞ며道德原理를論ᄒᆞᆫ진ᄃᆡ倫理哲學이有ᄒᆞ며宗教原理를論ᄒᆞᆫ진ᄃᆡ宗教哲學이有ᄒᆞ며論理의法則을定ᄒᆞᆫ則論理哲學이有ᄒᆞ며心理의法則을定ᄒᆞᆫ則心理哲學이有ᄒᆞ야歷史와文學과教育에至ᄒᆞ야도哲學이有ᄒᆞ지아니ᄒᆞᆷ이無ᄒᆞᆫ지라更히推衍ᄒᆞ면百科의學이哲學의規則에基치아니ᄒᆞᆫ者ㅣ豈有ᄒᆞ리오

其學이兩派가有ᄒᆞ니一은曰惟物派오一은曰惟心派라惟物派의言에曰世界ᄂᆞᆫ物質의成ᄒᆞᆫ바ㅣ라世間一切事物의原理와原則을精硏細究ᄒᆞ야原理中의原理와原則中의原則을剔發ᄒᆞᄂᆞᆫ지라是以로惟物論이興ᄒᆞ니其學問을造成ᄒᆞᄂᆞᆫ實迹과民智를開發ᄒᆞᄂᆞᆫ能力이世界의文明을賁飾ᄒᆞ며個人의生活을保維케ᄒᆞᄂᆞ니此ᄂᆞᆫ惟物派의哲學이라可謂ᄒᆞᆯ지오

惟心派의言에曰心性의外에ᄂᆞᆫ世界가無ᄒᆞᆫ지라世間의何等事業과何等道理가心性의流出이아니리오眞心은卽理라眞心으로觀

편집 후기

'상생'의 의미를 생각하며…

'국민상생지원금'을 신청한 날 편집후기를 쓴다. 마침 이날은 내 생일이기도 하다. 그래서 난생 처음 국민들로부터 생일선물을 받은 느낌이다. 국민들의 세금으로 국민의 한 사람인 조성환이 생일선물을 받은 것이다. 그러나 그 국민에는 나도 들어 있으니 당연히 나도 내 생일선물에 일조를 한 셈이다. '상생'이란 이런 것이 아닐까? 나와 너 사이의 상생뿐만 아니라 부분과 전체의 상생인 것이다. '너'라고 할 때에도 '내'가 들어 있고, '나'라고 할 때에도 '전체'를 머금은 나인 것이다. 이것을 개념화하면 자생(自生)이나 상생(相生)보다는 '전생(全生)'이 될 것이다. 나의 삶과 인류의 삶, 나아가서는 지구의 삶이 결코 분리되어 있지 않다는 뜻이다. 코로나가 우리에게 주는 메시지도 여기에 있을 것이다. 우리는 결코 홀로 사는 것이 아니라 전체와 함께 살고 있다는-.

김지우의 「나를 반성하다: '함께철학'을 통한 나의 개벽」은 이러한 깨달음을 고백한 글이리라. 안희제의 「시간들의 교차로에서: 아픈 사람, 퀴어, 장애의 시간」과 박희주의 「멸망을 겪은 자들이 그리는 미래: 아시안 퓨처리즘과 라티노/라티나」는 그 '함께'의 소중함을 다시 한 번 일깨워 주고 있다. 김대식의 「지금은 '생태적 시간'이 요청되는 때!」는 그 '함께'의 차원이 인간을 넘어 천지와 만물의 차원으로까지 확장되어야 할 때라고 외치고 있으며, 정혜정의 「분단의 시간: 북한의 반제反帝와 주체主體」는 전생(全生)이 분생(分生)이나 단생(斷生)으로 쪼개지는 아픔을 생생하게 그려내고 있다.

생각해 보면 이러한 아픔은 이미 19세기 후반부터 시작되고 있었다. 민중의 삶이 농토에서 분리되고 국토에서 소외되는 데 대한 반발에서 개벽운동이 시작되었기 때문이다. 따라서 개벽은 "전생(全生)의 자각을 통해 '함께의 시간'을 열고자 한 미래운동"으로 규정될 수 있다. 개벽이 SF와 만나는 지점도 여기에 있다. SF는 '새로운 미래'를 말하는 "짙은 정치성과 혁명성"을 띤 문학 장르이기 때문이다(셰릴 빈트-유상근 인터뷰, 이원진 「드라마/매체 속 아시안 퓨처리즘」). 그런 의미에서 최제우와 하늘님이 '개벽'을 이야기하는 장면은 조선의 SF라고 해도 과언이 아니다. 비록 그 개벽의 꿈이 20세기에는 '공상'으로 치부됐지만, 21세기의 현실은 그것의 '구현'을 요청하고 있다. 『다시개벽』이 150년 전의 개벽을 다시 소환하는 이유도 여기에 있다.

조성환

책을 만드는 사람들

발행인 박길수
편집인 조성환
편집위원 성민교 안마노 이원진 조성환 홍박승진
편집자문위원 가타오카 류 김용휘 김인환 박맹수 박치완
방민호 손유경 안상수 이우진 차은정
편집 소경희 조영준
아트디렉터 안마노
멋지음 이주향
마케팅 관리 위현정

다시개벽 제4호

발행일 2021년 9월 15일
등록번호 종로 바00222
등록일자 2020.07.28
펴낸이 박길수
펴낸곳 도서출판 모시는사람들
서울시 종로구 삼일대로 457 (경운동 수운회관) 1207호
인쇄 (주)성광인쇄 (031.942.4814)
배본 문화유통북스 (031.937.6100)

도서출판 b의 여성주의 인문학

상상적 신체

모이라 게이튼스 지음 | 조꽃씨 옮김 반양장본, 319쪽, 값 20,000원

페미니즘 이론의 난점 가운데 하나인 '젠더-섹스' 이분법을 넘어서 양자를 통합적으로이해할 수 있는 지평을 열었다. 섹스-젠더가 전제하고 있는 신체-정신 더 나아가 수동-능동, 자연-문화 등과 같은 서구의 유서 깊은 이분법은 한 편의 항에 가치를 부여하고 다른 항을 억압하는 작용을 해왔다. 따라서 게이튼스는 '섹스의 대립물로서의 젠더' 를 대체할 새로운 개념을 모색한다. 그것이 바로 이 책의 제목이기도 한 '상상적 신체' 이다.

해러웨이, 공-산의 사유

최유미 지음 양장본, 303쪽, 값 22,000원

도나 해러웨이는 동물학 · 철학 · 영문학을 공부하고 생물학사와 생물철학 연구로 박사학위를받은 뒤, 산타크루즈 캘리포니아대학에서 과학사와 여성학을 가르친 학자다. 복잡한 이력에서 짐작할 수 있듯이, 학문의 장벽을 넘나드는 융합적 사유로 페미니즘 이론의 전선을확장했다는 평가를 받는다. 최유미 씨가 이 독특한 페미니즘 이론가의 저작들을 따라가며 그의 사상을 깊숙이 들여다본다.

원문보기:여자들의 무질서

캐롤 페이트먼지음 | 이성민, 이평화 옮김 반양장본, 348쪽, 값 22,000원

페미니즘의 고전. 쉬운 사례로 지금까지도 수많은 미디어와 문화 텍스트들은 여성들의 '노'를 '예스' 로 해석한다. 페이트먼은 '여자들의 문제' 를 단순히 '여성쟁점' 으로서가 아니라 민주주의 이론의 급진화의 계기로 사유할 것을 제안한다. 혁명적 사고의 전환 없이는 어떤 사회의 발전도 여성의 배제와 종속이라는 딜레마에서 벗어날 수 없다는 게 저자의 지적이다.

여자가 없다고 상상해봐

조운 콥젝지음 | 김소연, 박제철, 정혁현 옮김 양장본, 423쪽, 값 25,000원

라캉주의 정신분석학자 조운 콥젝은 충동과 윤리를 매개하는 수단으로 승화라는 개념을 끄집어낸다. 콥젝은 프로이트에게서 승화 개념이 불충분하게 발달되었다고 진단하고, 승화를 통해 우리의 결점을 꾸짖기 위해 초자아가 설정하는 상상적 이상들에 대한 우리의 굴종을 촉진시키는 그런 감정들로부터 정화될 수 있다고 말한다. 정신분석에서 통상 초자아는 윤리의 자리였지만, 콥젝은 초자아로부터의 해방을 승화와 연결시킨다.

도서출판 b 08772 서울시 관악구 난곡로 288 남진빌딩 302호 | 전화: 02-6293-7070 | 팩스: 6293-8080 | 메일: bbooks@naver.com | 웹: b-book.co.k

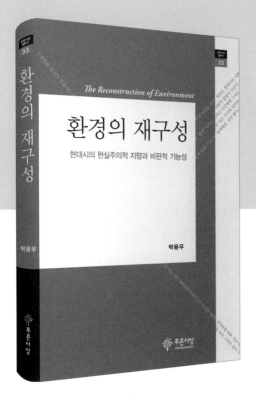